Paul Stein
Gutenberg Band 3
Ein kulturhistorischer Roman

AF153098

SEVERUS Verlag

Stein, Paul: Gutenberg Band 3. Ein kulturhistorischer Roman. 2018
Neuauflage der Ausgabe von 1861
ISBN: 978-3-96345-044-0

Korrektorat: Katharina Muhr
Satz: Katharina Muhr

Umschlaggestaltung: Annelie Lamers, SEVERUS Verlag
Umschlagmotiv: www.pixabay.com


Bibliografische Information der Deutschen Nationalbibliothek: Die
Deutsche Nationalbibliothek verzeichnet diese Publikation in der
Deutschen Nationalbibliografie; detaillierte bibliografische Daten
sind im Internet über https://dnb.de abrufbar.

Der SEVERUS Verlag ist ein Imprint der Bedey & Thoms Media GmbH,
Hermannstal 119k, 22119 Hamburg
SEVERUS Verlag, 2018
http://www.severus-verlag.de
Gedruckt in Deutschland

Paul Stein

# Gutenberg Band 3
## Ein kulturhistorischer Roman

SEVERUS

# Inhalt

# 1

Gutenberg kehrte, wie man annimmt, im Jahre 1444 nach
Mainz zurück, nachdem er etwa zehn Jahre des kräftigsten,
männlichen Lebensalters in Straßburg unter Arbeit, Sorgen
und Mühen verbracht hatte und er einige zwanzig Jahre,
nach unserem Dafürhalten, seinem Familiensitze in Eltville
entflohen war, um den Drang seiner Seele vor den Vorurtei-
len seines Standes zu flüchten. Die allgemeinen Zustände
mit ihren Wirren und Kämpfen hatten sich indessen nur
wenig verändert, die politischen Verhältnisse waren in
ihren Grundzügen fast ganz dieselben geblieben, und auch
die kirchlichen erlitten selbst durch die große Kirchenversammlung zu Basel keine wesentlichen Verbesserungen. Es
gelang zwar den versammelten Vätern, die Vergehungen
und den Fanatismus des Konstanzer Konziliums etwas zu
begütigen, indem es ihnen nach langjährigen, fruchtlosen
Versuchen endlich mit Hilfe der gemäßigten Partei in Böhmen gelang, den grauenhaften Verheerungen dort Einhalt
zu tun. Diese große Kirchenversammlung stellte, wie jene
zu Konstanz, manches Bedauerliche zur Schau, nahm übrigens doch eine viel ehrwürdigere und Achtung gebieten-
dere Stellung ein als ihre Vorgängerin, und sicher wäre sie
für die Verbesserung der kirchlichen Zustände in Deutschland von bedeutendem Einfluss geworden, wenn der deutsche König, durch selbstsüchtige Wünsche geleitet, sich
nicht immer wieder auf die Seite des Papstes geneigt hätte,
der sich als entschiedener Gegner aller Beschlüsse des
Baseler Konzils, wie seiner Berechtigung überhaupt zeigte

3

und in fast ununterbrochenem Streit mit den versammelten Kirchenvätern lebte. Sigismund, bald dem Papste, bald dem Konzilium huldigend, wie es im Augenblick sein persönliches Interesse erheischte, war zwar für keine der Parteien von maßgebender Wichtigkeit, da seine Macht sich nur selten als eine wirklich gebietende bewies; allein dennoch gaben die drei Kronen, welche sein Haupt schmückten, ihm in den politischen Verhältnissen eine zu große Bedeutung, als dass seine Stellung, trotz ihrer unwürdigen Vertretung, ja oft gerade dadurch, nicht schwer in die Waagschale der Zeit gefallen wäre.

Als König von Ungarn allein galt er seinem Volke etwas; für dieses Land empfand er auch so viel Vorliebe, als seinem egoistischen Charakter möglich war und tat für sein Wohl wenigstens einiges Ersprießliche. Dagegen hatte Deutschland nur seine liebe Not mit dem verschwenderischen Oberhaupt, und Böhmen, Sigismunds Erbland, erkannte ihn nur widerstrebend als König an, erst dann, als die Aristokratie dieses Landes mit Hilfe des Baseler Konzils den blutgetränkten Fanatismus etwas zur Ruhe gebracht hatte und in dem Könige einen Halt dafür suchte. Sigismund, gleichsam nur ein Scheinkönig in seinem Erblande, dem die Partei, die ihn gehoben, weder große Herrscherrechte einräumte, noch seine Verschwendung mit Geld unterstützte, bemühte sich, dies einsehend, um eine Versöhnung mit den noch immer mächtigen Fanatikern; allein diese misstrauten ihm noch mehr als die gemäßigte Partei: eine Verbindung zwischen ihnen und Sigismund war eine unmögliche Sache. Der schwankende König konnte sich nicht mit den Einen halten, noch weniger mit den Anderen befreunden, auch schon um deswillen nicht, weil man bald inne wurde, das er nicht gesonnen war, den Böhmen zu halten, was er ihnen versprochen, überhaupt, von papistischem Einflusse geleitet, sehr verkehrte Wege ging.

Indessen dauerten die Streitigkeiten des Papstes mit den versammelten Kirchenvätern fort. Das Konzilium glaubte sich über dem Papste stehend, dieser über dem Konzilium, und es kam zu einer gegenseitigen gerichtlichen Verfolgung, bis endlich die Kirchenväter Eugens IV. Suspendierung beschlossen. Diese so weit getriebenen Feindseligkeiten zwischen dem Oberhaupt der Kirche und ihren Vertretern brachte Sigismund in arge Verlegenheit. Der Papst verlangte von ihm offene Verfolgung des Konzils, und er mochte es weder mit diesem verderben, das ihm zu Böhmen verholfen, noch mit dem Papste, der ihn auf seine eigenen Kosten mit der römischen Krone geschmückt und ihm dabei große Feste gegeben hatte. In dieser Not und von den Böhmen eben nicht ehrerbietig behandelt, beschloß er für einige Zeit nach Ungarn zurückzukehren.

Barbara von Cilli, seine zweite Gemahlin, unter dem Namen die böse Barbara bekannt, war in der letzten Zeit fast nicht mehr von seiner Seite gewichen, doch als er nach Ungarn aufbrach, erklärte sie kurz, dass sie in Böhmen bleiben werde. So böse sie auch war, hatte sie in diesem Lande doch noch mehr Sympathie für sich, als der schwache Sigismund. Dies benützend, zettelte sie mit Friedrich von Tirol, der gern die böhmische Krone gehabt hätte, eine Verschwörung gegen ihn an und gedachte während seiner Abwesenheit die Sache wesentlich zu fördern, deren Gelingen sie seiner entledigen und ihr einen angenehmeren und jüngeren Gatten geben sollte. Allein ihr Verrat wurde zu frühzeitig entdeckt, und die Enthüllung desselben erreichte Sigismund unterwegs, als er eben in einer mährischen Stadt einige Tage ausruhen wollte.

Sigismund war schon alt und durch ein zu üppiges Leben entnervt; die Nachricht von dem argen Verrat seines Weibes, das ihm schon so manchen Lebensgenuss verbittert hatte, versetzte ihn in eine namenlose Wut.

Sein Körper brach darunter kraftlos zusammen, und er blieb tödlich erkrankt in der kleinen Stadt liegen. Hier in einem für seine Prunksucht wenig geeigneten Haus lag der sterbende Kaiser, umgeben von einem glänzenden Gefolge, das wenig Teilnahme für seine Leiden hatte und nur aus egoistischem Interesse mit besorgten Blicken das Übel des hohen Kranken verfolgte. Als die Ärzte auf des Kaisers Begehr ihm das baldige Nahen seines Todes verkündeten, stählten Eitelkeit und Prunksucht noch einmal die schwindenden Kräfte des Sterbenden und mit hohler Stimme befal er, in dem größten Zimmer des Hauses schnell einen kostbaren Thron zu errichten, ihn selbst mit dem kaiserlichen Ornate, den er überall mit sich führte, und allen Insignien des Kaisertums zu schmücken, denn nur so wolle er sterben: als Kaiser kaiserlich.

Und eine Stunde später saß der totenbleiche Kaiser auf dem Throne von Purpur und Gold und um ihn her stand sein Gefolge im glänzendsten Staate. Auf den Stufen des Thrones knieten reich geschmückte Pagen, den schweren Hermelinmantel haltend, der den sterbenden Herrscher von seinem Throne herabzuziehen drohte, und hinter ihm standen zwei Große des Reiches, belastet mit den goldenen Zeichen ihrer Würden und hielten den Wankenden aufrecht, dessen Haupt die schwere Krone wieder und immer wieder tief hernieder beugte. Zur linken Seite der prunkenden und doch so bleichen, verfallenen Gestalt befand sich ein Mann von stattlichem Wuchse und nicht minder kostbarem Gewand, als das des Kaisers selbst, wenn auch von verschiedenem Schnitte und Charakter. Die hohe Inful mit den goldenen Borten und roten, herabhängenden Bändern, von weißen Perlen eingefasst und mit ovalen Steinen in Grün und Violett geziert, wie der goldene Stab von echter, gotischer Form und mit den kostbarsten Steinen besetzt, der in seinem Arme ruhte, verkündeten die hohe Würde des Geistlichen, der den Kaiser an das jenseitige Glück und die Vergänglichkeit aller irdischen Dinge erinnern sollte. Den Mantel des Bischofs von hellgelbem Stoffe, mit hochroten und blauen Blumen gestickt, mit goldenen Borten und blitzenden Steinen geziert, hielt eine kostbare Agraffe auf der Brust zusammen, die dunkelgrüne Dalmatica war ebenfalls prächtig verziert, die Alba glänzte in schneeigem Weiß, die Roben in verschiedenem Gelb. Der linke Arm des Bischofs umschloss ein goldbeschlagenes Gebetbuch, aus dem er dem Sterbenden himmlischen Trost zusprach, was er jedoch hin und wieder unterbrach, um seinen kurzen, kaum noch hörbaren Atemzügen zu lauschen. Der halb erstarrte Kaiser schien weder auf das Eine noch das Andere zu achten. Glanzlos, mit erlöschender Teilnahme starrte sein Auge in den ihn umgebenden Kreis, der sich immer dichter um ihn scharte.

Man hatte auf seinen Befehl das Tor des Hauses geöffnet – er wollte noch einmal in all seiner kaiserlichen Pracht vielen Augen sich zeigen – doch ließ die Wache nur die vornehm Aussehenden ein; unter diesen befand sich auch ein Mann in seinen Reisekleidern mit einer auffallend schönen Dame am Arm. Sie hatten ein so edles Aussehen, das niemand ihnen wehrte, in die Nähe des Sterbenden zu gelangen. In ihren Zügen drückte sich eine auffallende Teilnahme an dieser Szene voll grauenhaften Pompes aus, und besonders glänzte das Auge des Mannes in einer fast fieberhaften Erregung, welche die Frau mit dem sanften Drucke ihrer Hand, die in seinem Arme lag, beschwichtigen zu wollen schien. Doch sein Auge hing sich immer brennender an das brechende des Kaisers; – und als ob dieser eine magnetische Wirkung davon verspüre, belebte seinen erlöschenden Blick plötzlich wieder ein matter Glanz, die halbgesunkenen Lider hoben sich noch einmal in die Höhe, und sein Auge traf Kunos funkelnden Blick. Als ob ein elektrischer Schlag ihn berührt, fuhr der Sterbende vom Throne empor, seine bleichen Lippen zuckten krampfhaft, und aus seiner ringenden Brust ertönte ein letzter, angsterfüllter Aufschrei, dann sank sein Haupt wieder tief herab und die goldene Krone fiel klirrend zu Boden.

Der Kaiser hatte geendet.

Der Thron wurde zum Katafalk, auf dem man die prunkende Leiche niederlegte, bis sie weiter in eine Kaisergruft gebracht werden konnte.

Angela zog Kuno, der sein Gesicht bedeckt hielt, mit sanfter Gewalt in ein Seitenkabinett und versuchte mit lieben Worten Schmerz und Entsetzen wieder von ihm zu nehmen. Indessen umgab man den Thronkatafalk mit brennenden Kerzen; der Bischof segnete den toten Kaiser ein, und sechs Priester murmelten abwechselnd Gebete neben der Leiche. Als eben Angela und Kuno sich leise entfernen wollten, vertrat ihnen ein ältlicher Mann in dunkler Ritterkleidung den Weg. Kunos Hand ballte sich bei seinem Anblicke, und voll Verachtung sah er ihn an. Angela legte besorgt ihre Hand auf Kunos Schulter und warf einen stehenden Blick auf den Ritter. Dieser sagte nach einer Pause der ängstlichsten Spannung:

»Kuno, vergib ihm und mir. Er ist tot, trage dem Toten keinen Hass nach – es ist dein Vater und ich bin nicht so schuldig, wie du glaubst. Ich tat nur nach meines Herrn Befehl.«

»Heuchler!«, knirschte Kuno. »Falscher, niederträchtiger Knecht!«, und sein Arm streckte sich aus, ihn zu fassen.

Angela sah ihn flehend an und mahnte leise: »Ich bin bei dir!«

Die Macht der Liebe besänftigte den Aufgeregten, und seinen Arm um Angelas Nacken schlingend, sagte er schnell:

»Komm, Geliebte! Fort von hier!«

Damit zog er sie an dem Ritter vorüber und den brennenden Kerzen, welche das bleiche, verfallene Gesicht des Toten beleuchteten, wie den Prunk, der ihn umgab. Der Ritter sah den Davoneilenden nach, ohne eine Miene zu machen, sie aufzuhalten, und murmelte:

»Ziehe hin – ich wollte dich mit mir versöhnen, wie ich einst im Schlachtgewühl dein Leben beschützte, – doch besser ist's, wir berühren uns nimmer, denn mein Anblick bringt dir, wie der deine mir, tödliche Erinnerungen.«

Ein rasch Eintretender, dem man eine eilige Reise ansah, unterbrach des Ritters Selbstgespräch; ihn zu sich heranwinkend, teilte er ihm mit, dass er eben von Prag komme, wo Sigismunds Schwiegersohn, Albrecht von Österreich, die Stiefmutter seines Weibes gefangen genommen, um sie in Ungarn festzuhalten. So sei die böse Barbara gestraft und alle ihre Pläne vereitelt.

»Sie hat ein viel schlimmeres Geschick verdient, als dieses«, meinte der Ritter vom Berg und setzte leise hinzu: »an Bertha allein es verdient.«

Kuno und Angela verließen eine Stunde später die Stadt, in der sie, von Prag aus dem Zuge des Kaisers folgend, zu gleicher Zeit mit ihm angekommen waren. Sie hatten vor Monaten Venedig verlassen, um eine Reise nach Böhmen und darauf an den Rhein zu machen. Bereits seit einer Reihe von Jahren durch das feste Band der Ehe aneinander gekettet und in dem glücklichsten Familienverhältnisse lebend, entstand der Wunsch in Angelas Herzen, Kunos Geburtsstätte zu sehen und die Orte zu besuchen, wo er einst glücklich gewesen und wo er so viel gelitten. Sie glaubte die Vergangenheit so vollkommen bei ihm überwunden, daß sie keine schlimme Einwirkung davon auf sein Gemüt befürchtete. Kuno, durch ihre Liebe gestärkt, hatte den Glauben an sich selbst wiedergewonnen, und gehoben dadurch gelang es seiner Willenskraft und seinem

Fleiße, sich eine ehrenvolle Stellung unter den Gelehrten Venedigs zu erringen, die damals teils von Griechenland herüberkamen, teils die griechische Bildung, welche von da an die Grundlage aller späteren Bildung wurde, in sich aufzunehmen strebten. Auf diesem Wege suchte Kuno fortan dem Drange der Zeit nach geklärterem Wesen Rechnung zu tragen und fand Frieden und Glück darin wie in Angelas Liebe und der allgemeinen Achtung, die er sich erwarb. Die wilden, unsteten Leidenschaften, die sein verworrenes Geschick in ihm wach gerufen, kamen zur Ruhe, und Angela, glücklich fast bis zum Übermute, dass auch dieser höchste Lebenswunsch ihr in Erfüllung gegangen, sah nichts Trübes in der Zukunft mehr, und verwöhnt von Glück und Liebe, erschien ihr jeder Wunsch erreichbar. So auch diese Reise, in der sie, wenn auch von wehmütigen Mahnungen unterbrochen, ein süßes Glück an der Seite ihres Gatten zu finden glaubte. Antonio wollte seine Zustimmung lange nicht dazu geben, doch da er Angelas Wünschen nie in bestimmter Weise entgegen gewesen, gab er auch endlich hierin nach, und zu Kunos Sinn stimmte diese Reise, obgleich er für sich und Angela keine eigentliche Freude von derselben erwartete.

So kamen sie nach Böhmen und fanden das Haus noch unzerstört, in dem Kunos Wiege gestanden. Seine tiefe Waldeseinsamkeit hatte es vor den Verheerungen des Krieges geschützt, doch der Ort war düster, unfreundlich, nicht so, wie er vor Angelas innerem Auge gestanden: ein schönes Bild, von Kunos Kindererinnerungen hervorgezaubert. Enttäuscht verließ sie das kalte, unfreundliche Haus wieder; die düsteren Wälder machten ihr Furcht, und sie drängte Kuno, Prag zu erreichen. Doch auch diese sonst so schöne und belebte Stadt zeigte von den Verheerungen eines grausamen Krieges zu viele Spuren, um auf Angela einen wohltuenden Eindruck zu machen. Dazu kam, dass Kuno auffallend unruhig wurde. Die Anwesenheit Sigismunds, der nach aller Wahrscheinlichkeit der Verführer seiner Mutter gewesen, rief in zu peinlicher Weise die Vergangenheit wach, und in seiner Brust wollte es wieder wild durcheinander stürmen. Angela, dies empfindend, mahnte ihn zur Weiterreise – doch vergebens. Einmal, so war es ihm, müsse er dem Manne, der seine Mutter betrogen, Auge in Auge gegenüberstehen und ihr grässliches Geschick ihm vor die Seele führen. Allein es gelang ihm nicht, dem Könige zu nahen, der, den Böhmen nicht trauend, sich hinter seine Kreaturen verschanzte. Da brach Sigismund von Prag auf – Kuno folgte ihm und – sah ihn sterben. Sein letzter Blick traf den seinen, sein letzter, angsterfüllter Aufschrei galt dem Verbrechen an seiner Mutter: die Ähnlichkeit des Sohnes mit ihr weckte die Erinnerung an sie bei dem Sterbenden plötzlich auf und gab ihm vollends den Tod.

Nachdem der Eindruck dieser Szene sich bei Kuno wieder etwas verwischt hatte, wurde er ruhiger, ja heiterer, als er es in der letzten Zeit gewesen. Jede Bitterkeit seines Inneren schien mit der letzten schmerzlichen Erschütterung überwunden und er suchte dies durch erhöhte Zärtlichkeit Angela zu beweisen. Als sie mit der Frühlingssonne dem Rheine sich nahten, und Angela den Vorschlag machte, sie wollten lieber direkt nach Venedig zurückkehren und die für ihn so erinnerungsvollen Ufer dieses Stromes nicht besuchen, versicherte er ihr, dass keine seiner Erinnerungen ihr ferner eine trübe Stunde bereiten würden, ja dass es seinem Herzen eine Wohltat sei, mit ihr die Orte zu besuchen, an denen seine Schmerzen und seine Sünden begraben lägen. Angela, trotz dieser Versicherung noch immer etwas besorgt, bestimmte ihn, zuerst in einigen Städten des Niederrheins einzukehren. Als dieses geschehen, reisten sie langsam aufwärts an dem romantischen Ufer des schönen Stromes, und Kuno erzählte Angela viele Märchen und Geschichten von

Rittern und Reisigen, von guten und bösen Geistern, und sie sang ihm zum Lohne dafür heitere Lieder; dann plauderten sie wieder von dem guten Vater in der Lagunenstadt und den zwei holden Kindern, die sie ihm zurückgelassen – und, »lass uns rasch, rasch wieder in die Heimat ziehen,« bat dann Angela und wünschte im Stillen, Venedig niemals verlassen zu haben, besonders als der graue, melancholische Turm auf dem steilen Berge sichtbar wurde. Sie erbebte bei seinem Anblick und warf einen ängstlichen, besorgten Blick auf Kuno – doch er drückte ihr warm die Hand, gleichsam ohne Worte ihr zu sagen, dass an ihrer Seite es keine niederdrückende Erinnerung mehr für ihn gebe. Sie stiegen den Berg hinauf, und nachdem sie das einsame Grab von Kunos Mutter besucht, setzten sie sich an einem Abhang unweit des Turmes nieder, und Angela rief dem Echo unzählige Worte der Liebe zu, die es hundertfältig wiederholte, bis Kuno seinem Schalle heiter lauschte, und auch der Schmerz, der ihn an dem Grabe seiner Mutter übermannt hatte, in dem Glücke seiner Liebe wieder gänzlich entschwand; da mahnte eine Glocke unter ihnen, dass auch dort noch ein teures Grab sich befinde, und Kuno, Angela umfassend und sie zärtlich an sich pressend, sprach zu ihr:

»In jener Kirche, deren Glocken wir eben vernehmen, ist Giselas ewige Ruhestätte. Meine Liebe zu ihr, wie ihr Geschick kennst du, und doch ist noch ein Geheimnis mit ihr verwoben, das ich dir jetzt erst enthüllen kann.«

»Wie? Du sagtest mir nicht alles?«

»Soweit ich es damals konnte, Geliebte, gewiss, ich verbarg dir nichts. Erst unmittelbar vor unserer Abreise von Venedig mahnte mich dein Vater wieder an Gisela.«

»Mein Vater?«, fragte Angela aufmerksam. »O, sprich schnell! Oft war es mir, ihn drücke ein Geheimnis, das an dem Rheinstrome verborgen liege – doch wie kommt Giselas Geschick damit in Verbindung?«

»Zu der Zeit«, erzählte Kuno, »als Antonio, ein junger, reicher Handelsmann, Deutschland bereiste, lebte Giselas Mutter einsam in einer Burg am Rheine. Antonio, schön und liebenswürdig, kehrte dort ein – kehrte wieder, und Jugend und Leidenschaft vereinten ihn schnell mit dem einsamen Kinde im geheimen Ehebunde. Des Fräuleins Vater war nach dem Morgenlande gezogen. Er kehrte heim, und brachte ein Gelübde mit, das sein einziges Kind dem Kloster weihte. Gisela bekannte ihre Liebe und ihre Schuld. Des Vaters Fluch traf die Arme – Kerkersnacht ihren Geliebten. Monden gingen so hin – Beiden in namenloser Qual. Sie verfiel in Wahnsinn, und nachdem sie Mutter geworden, fand sie ihr Grab in den Wellen des Rheins.«

»Und mein Vater?« –

»Ihr Tod brachte ihm die Freiheit; davon unterrichtet, eilte er in tiefstem Schmerze seiner Heimat zu, wo er später in der Liebe deiner Mutter wieder Ruhe fand und in deinem Besitze sein höchstes Glück«

»Und sein Kind, das Kind jener Unglücklichen?«

»Er wähnte es gestorben, wie sie.«

»Und du, du sagtest ihm – «

»Von Gisela, der unglücklichen Nonne.«

»Ah, Gisela war ihr Kind, war meine Schwester! O, die Arme!«, rief Angela voll Trauer. »Ihr nahm das Leben alles, was es mir in reicher Fülle gab – das ist hart – ist ungerecht.«

»Wahn und Aberglaube beherrschten ihr Geschick, wie das so vieler in unserer finsteren Zeit, drum muss sie sich lichten, – es muss tagen, – Nacht und Nebel müssen sich zerstreuen vor der Sonne der Aufklärung, die, wie Freund Gutenberg einst richtig behauptete, nicht das blutige Schwert, sondern die Waffen des Geistes heraufbeschwören werden.«

Kunos Seele eilte von Giselas Grab zu den allgemeinen trüben Zuständen, von dem niederbeugenden Weh um ein einzelnes Leben zu dem erhebenden Schmerze um das Missgeschick aller, während Angela nur der Schwester Leid jetzt beklagte und über Kunos einstige Leidenschaft für sie nachdachte. Er bemerkte ihre gedrückte Stimmung nicht; sein Auge hing sich in erhöhtem Glanze an die Ferne, – das ihre schwamm in Tränen. Da plötzlich umfasste sie ihn leidenschaftlich und fragte:

»Liebtest du Gisela mehr als mich?«

Er sah sie staunend an und rief mit zärtlichem Vorwurf:

»Meine Angela! Du Engel meines Lebens – mein geliebtes Weib – du teure Mutter meiner Kinder!«, dann umschlang er sie, und ein langer, inniger Kuss gab ihr das volle Bewusstsein ihres Glückes wieder.

»Lasse uns auf Giselas Grab beten!«, mahnte sie. »Hat sie dir nicht einst sterbend gesagt, erst dann werde ihr friedloser Geist zur Ruhe kommen, wenn treue und glückliche Liebe auf ihrem Grabe bete. Lass uns dahin gehen, dann wird sie sanft ruhen. Glaubst du nicht auch?«

»Wohl ruht die Arme längst in Frieden«, erwiderte er, »doch ihr und dein Wunsch werde erfüllt.«

Sie verließen den Berg mit seinem grauen Turme, knieten auf Giselas Grab und reisten dann weiter den Rhein hinauf, schnell an der unheiligen Klause vorüber, – doch als Kuno das Kloster Eberbach erblickte·, fiel ihm der fröhliche Kellermeister wieder ein und Angela im nächsten Dorfe zurücklassend, klopfte er an der gastlichen Abtei an; allein den fröhlichen Bruder fand er nicht mehr. Er hatte allzu viel mit den Kellergeistern des Klosters verkehrt und den verführerischen Kobolden des feurigen Steinberges geliebäugelt Jetzt lag er ganz stille, nicht weit von ihnen entfernt, an kühlem Orte wie sie.

Doch ging ·in der Abtei die Sage: in mitternächtlicher Stunde erhebe er sich und rumore hinter den mächtigen Fässern und dulde es nicht, dass zu so später Stunde noch einmal die Humpen gefüllt würden. Da der lustige Bruder Kuno den Becher nicht mehr kredenzen konnte, gefiel es ihm auch in der Abtei nicht mehr, und er verließ sie nach kurzem Aufenthalte wieder, um mit Angela den Weg nach Eltville einzuschlagen. Dort trafen sie Frielo krank und mürrisch und er teilte ihnen mit, dass man nicht wisse, wo sein Bruder sich aufhalte. Er berichtete teilweise damit die Wahrheit, denn er und sein Weib wussten in der Tat nichts von Johann, da Else und Katharina seiner nie in ihrer Gegenwart erwähnten. Auch Hemmas Tod erfuhr Kuno hier. Angela hatte gehofft, die Schwester noch am Leben zu finden und ein freundlicheres Bild von ihr mitzunehmen, als Kuno ihr von der Nonne entworfen hatte.

Sein Schmerz um die Tote, obgleich er ihn schnell überwand, erschütterte sie und mit immer größerer Sehnsucht dachte sie an ihr freundliches Haus in Venedig, das sie in Zukunft nimmer zu verlassen beschloss. Ich war zu glücklich, klagte sie sich im Stillen an, und glaubte nicht mehr an den Schmerz. Mit dieser Reise habe ich ihn wieder bei Kuno heraufbeschworen und auch mein Gemüt trübe dadurch gestimmt – drum schnell, schnell nach Hause.

Sie flehte Kuno an, Mainz nicht zu berühren, da sie Gutenberg dort nicht fänden und auch keine Kunde von ihm erhalten würden, indem ja selbst sein Bruder nichts von ihm wisse. So kehrten sie, zu Gutenbergs Missgeschick, nicht in Mainz ein, denn hätte Kuno dort erfahren, dass er in Straßburg in Arbeit und Sorge lebe, hätte er ihn gewiss aufgesucht, Gutenberg ihm vielleicht vertraut und so den besten Freund und die beste Hilfe gefunden. Doch das Geschick wollte es anders. Dem einsamen Forscher in St. Arkobast war noch viel Leid bestimmt, so viel, dass nur eine Seelenkraft wie die seine es zu überwinden vermochte.

Kuno kehrte mit seinem Weibe auf dem kürzesten Wege nach Venedig zurück, wo Antonio mit den holden Kindern sie jubelnd begrüßte, und Angela den Himmel auf dieser Erde wieder gefunden glaubte. Ihr Leben blieb auch fortan so ungetrübt, als es nur ein Menschenleben zu sein vermag, denn Kuno fand bald seine volle Ruhe und Zufriedenheit wieder in der Liebe seines Weibes, in dem Lächeln seiner Kinder und in seinem unermüdenden Streben, dem Verlangen seiner Zeit nach geistigem Aufschwung mit möglichsten Kräften sich anzuschließen. In seinem Hause fanden Wissenschaft und Kunst ein heiteres Asyl – Poesie umgab hier ihren Ernst mit Anmut und Lust, und die Göttin des häuslichen Herdes spendete ihnen manche angenehme Gabe als freundlichen Lohn, durch Angelas schöne, sorgende Hand.

Wenn Kuno in traulicher Stunde bei seinem Weibe saß, und sie seinen Erzählungen lauschte, gedachten sie oftmals des Freundes, von dem sie nun schon so lange Jahre nichts mehr erfahren und den sie fast als einen Toten betrauerten. Gutenberg hatte ihnen nie geschrieben. Mit seinem Abschiede aus Antonios Hause war er ihnen entrückt und wie es schien, für immer. Dass Großes in seiner Seele lag, hatten sie richtig erkannt, doch was es sei, selbst Kuno nicht verstanden. Gutenberg hatte auch ihm stets nur Andeutungen darüber gegeben, und hauptsächlich nur in Haarlem, wo Kuno kein sonderliches Gefallen an seinem Tun gefunden. Die einförmige Lebensweise, wie auch die einförmigen Arbeiten in dem Hause des Küsters langweilten ihn damals nach seinen abenteuerlichen Fahrten allzu sehr, als dass er den Andeutungen Gutenbergs und dem, was er schaffte, größere Aufmerksamkeit geschenkt hätte. So blieb ihm Gutenbergs Idee des Bücherdruckes fremd, doch nicht der Schöpfungsdrang, der in ihm lag, das Streben seiner Seele nach einem höheren Etwas, das er in Forschung und Arbeit zu erreichen strebte, und es stand fest in ihm, wenn Gutenberg nicht zu frühzeitig darunter erliege, würde ihnen einst noch ein Zeichen von dem Freunde zukommen, das ihn, wenn auch nur geistig, wieder mit ihm verbinde. Wenn Angela um ihn klagte und jede Hoffnung aufgab, je wieder mit ihm vereint zu werden, und ihm dann auch wohl eine Träne, wie einem lieben Gestorbenen weihte, meinte Kuno stets, es könne nicht sein, dass ihr Freund untergegangen sei, solch mächtigen Forschungstrieb, wie den seinen, beschütze die Vorsehung, und setzte dann immer mit warmer Empfindung hinzu:

»Großes schwebte ihm vor, das ist kein Zweifel; ein Werk für die ganze Menschheit war es, was seinen ernsten Geist beschäftigte. Er suchte den Weg dazu – und sucht er auch lange vergebens – gewiss Angela, er muss noch leben, um ihn zu finden. Dann wird sein Name laut von dem Rheinstrome bis an unsere Meeresküste schallen, denn, wenn er das vollbringt, wirklich vollbringt, was sein tiefes, ernstes Auge, wie ein geheimnisvolles Orakel verkünden wollte, wird Ruhm und Ehre mit ihm sein, und der Segen der Menschheit auf dem Namen Johannes Gutenberg ruhen.«

## 2

Obgleich sich in Mainz die Zerwürfnisse zwischen den Zunftgenossen und Patriziern, wie auch mit dem Klerus und der Bürgerschaft wieder so ziemlich beigelegt hatten, wollte es doch zu keiner segenbringenden Ruhe mehr kommen. Die verworrenen Zustände in Kirche und Staat waren viel zu unheilvoll, als dass sie nicht jede einzelne Faser des Gesamtlebens ergriffen hätten. In einer so mächtigen Stadt, wie Mainz damals eine war, musste die Nachwirkung so unerquicklicher Zustände, solch unsauberen Treibens selbst mit den heiligsten Dingen immer bedrohlicher werden und immer deutlicher auch hervortreten.

Wie es in allen größeren Verhältnissen herging, in ewigen Fehden mit Wort und Schwert, in listigen Machinationen und rohen Gewaltstreichen, drangen auch diese gehässigen Elemente nach und nach in alle kleineren Beziehungen ein und übten selbst auf das heitere und kräftige Leben des mittelalterlichen Bürgertums ihren schlimmen Einfluss aus. Nicht mit der höheren Kultur, die von Italien her eindrang, sanken die besseren Sitten in Deutschland; – die Kultur bringt nicht das Sittenverderbnis. Es ist eine Folge fauler politischer und kirchlicher Zustände, die gerne dem nicht zu hemmenden Fortschritte diesen Makel anhängen möchten. Was im vierzehnten und fünfzehnten Jahrhundert aus den Überresten der griechischen Kultur wieder erstand, brachte nur schöne Blüten, deren Früchte wir noch genießen. Es war die einzige Lichtseite jener umdüsterten Zeit, die Kultur, welche von den Schätzen des klassischen Altertums ausging, bewahrte sie vor dem völligen Versinken bis zu dem Zeitpunkt, wo Gutenbergs große Erfindung sie für immer vor solchem Unglück bewahrte.

Mainz, in seinen inneren Verhältnissen nur scheinbar beruhigt, lebte, wie es allseitig geschah, mit seinen Nachbarn in steten Fehden, besonders war es Hessen, mit dem es sich bald um dieses, bald- um jenes Recht stritt, wie auch seine fürstlichen Erzbischöfe und die Landgrafen von Darmstadt nur höchst selten in freundlichem Verkehr miteinander standen. Dies war auch die Hauptursache, weshalb nicht nach dem bald erfolgten Tode Kaiser Albrechts, Sigismunds Tochtermann, Ludwig von Hessen, wie man es allgemein wünschte, sondern Friedrich von Österreich deutscher Kaiser wurde. Mainz hatte bei den Kaiserwahlen von jeher die gewichtigste Stimme – kein Wunder, dass sie dieselbe dem feindlichen Nachbarn nicht gab.

Friedrich III., ein sehr friedliebender Herr, nahm nur sehr ungern diese Würde an, doch einmal die Krone auf seinem Haupte, riss ihn der gärende Strudel seiner Zeit mit sich fort. Er war geistig nicht groß und stark genug, ihr zu gebieten, auch hatte die kaiserliche Macht längst ihr einstiges Ansehen eingebüßt. Er schrieb, in besserer Absicht zwar als sein Vorgänger Sigismund, Reichstage aus wie dieser, allein sie kamen ebenso schwer zustande und fruchteten nicht mehr wie die früheren. Die politischen und kirchlichen Zustände blieben trotz aller Beschlüsse so ziemlich dieselben. Die großen und kleinen Reibereien der Mächtigen und Stärkeren dauerten fort; wer nicht Land und Leute besaß oder sich erkämpfen konnte, nahm was ihm gerade in den Weg kam, und eine Kleinigkeit, ein Wort reichte oft hin, ganze Gegenden zu verheeren, denn es war längst zum Gebrauch geworden, mit dem Raub auch Brand und Mord zu verbinden.

Als ob vor dem Zusammensturze der rohen Handhabung der Macht in jenen Zeiten sich diese noch einmal ganz entblößt von allem zeigen sollte, was sie früher beschönigte und mit romantischem Reize und markiger Kraft umgeben hatte, verblieben bei der Morgendämmerung einer neuen Zeit die Schatten der dahinziehenden in ihren dunkelsten Tinten noch eine geraume Weile an ihr haften. Nie war wohl die politische Verworrenheit und Zersplitterung unseres Vaterlandes größer, seine kirchlichen Zustände trauriger. Das Haupt der Kirche, Papst Eugen IV., beharrte in seinen Streitigkeiten mit dem Basler Konzilium. Gewaltsame Schritte, Vermittlungsversuche, Intrigen und selbst die feine, diplomatische Schlauheit des bekannten Aeneas Sylvius – später Papst Pius II., strengten sich vergebens an, bald den Papst, bald die versammelten Kirchenväter zur Nachgiebigkeit zu stimmen. Selbst Eugens Suspendierung und die Wahl eines neuen Papstes fruchtete nichts. Eugen blieb hartnäckig auf Petri Stuhl – doch auch das Konzilium ebenso standhaft bei seinen Beschlüssen und unerschütterlich in Aufrechthaltung seines Standpunktes. Wie schlimm jedoch ein Kampf, der in die heiligsten Dinge eines Volkes störend eingriff, nachwirken musste, besonders wenn er wie dieser, sechzehn Jahre andauert, ist gar nicht zu ermessen.

Zwischen diesen traurigen Verhältnissen, die unheilvoll bis in das innerste Familienleben eindrangen, und der Reformation, die mit Wort und Tat sie kühn entwirren wollte, steht Gutenberg und seine Erfindung als milder Vermittler der gesunkenen Zustände und des misshandelten Glaubens, mit dem Streben nach höherer Kultur und dem neu auslebenden Keime des wahren Christentums, der nicht in Luther und Melanchthon allein erwachte, nicht in jenen andern, von der Geschichte genannten Männern allein auflebte, sondern vielmehr in ihnen nur den lebendigen Ausdruck fand von dem, was tief im Herzen des Volkes seinen Ursitz hat und als ewige Wahrheit darin fortlebt, – die überwuchert, doch nie ganz ausgerottet werden kann, – wie ein Licht, das auch dem Einfältigen leuchtet, wie die Taube mit dem Ölzweige – Allen Frieden verkündend in christlicher Liebe in humaner Duldung und edler Freiheit.

Mainz besaß seit dem Jahre 1439 einen seiner besten Erzbischöfe in Theoderich, Schenk von Erbach.

Dies wirkte einigermaßen beruhigend auf seine unterwühlten Verhältnisse ein, denn obgleich sich Mainz noch immer frei und unabhängig von dem Erzbistume nannte und dies auch bei mancher Gelegenheit energisch bewies, stand seine Macht doch lange nicht mehr so fest, wie zu der Zeit, wo Meister Helferich noch lebte. Sein Schwiegersohn, wenn schon von mehr Ansehen und Reichtum als er, übte dennoch keinen so guten Einfluss auf seine Zunftgenossen aus, als es der bescheidene Meister getan, der, ungeachtet er nie an der Spitze der städtischen Angelegenheiten stand, dennoch viel Gutes in seinen Vaterstadt bewirkt hatte.

Jakob Fust war ein kluger, aber zu stolzer Mann, als dass seine bessere Einsicht nicht häufig seiner Herrschsucht gewichen wäre, und darin bestärkte ihn sein Weib, die all die Hoffart, den Reichtum und Übermut des mächtigen Mainzer Bürgertums in ihrer schönen Person zur Schau stellte und durch Pracht und Aufwand alle Patrizierfrauen überstrahlte, die zu kränken ihr überhaupt eine Freude war. Nur wenn sie in der Stube sich aufhielt, aus deren Fenster man in den Hof zum Gutenberg hinüber schauen konnte, hob sie ihr schönes Haupt weniger stolz empor und nie betrat sie dieses Gemach in anderer als einfacher, häuslicher Kleidung. Es war, als ob Elsens gebeugte Gestalt und Katharinas frommes Angesicht es ihr so geböten. Oft stundenlang sah sie hinüber in das große, stille Haus, bis sie

Johanns Mutter entdeckte, deren Anblick sie mit Mitleid erfüllte und ihren Hass gegen den undankbaren Gespielen ihrer Jugend steigerte. Wie glücklich konnte er, konnte die alte Frau jetzt durch ihn sein! Nun lebte sie verarmt, vereinsamt und er in der Fremde, wohl nur weil in seinem adligen Hause, das durch den Reichtum des Goldschmieds das glänzendste in Mainz hätte werden können, jetzt Armut herrschte. Sie konnte es sich nicht anders erklären, als dass Gutenbergs Stolz ihm nicht erlaube, in die gesunkenen Verhältnisse seines Hauses zurückzukehren. Ihr Groll gegen ihn wuchs mit seiner langen Entfernung und einst sich noch an ihm zu rächen, blieb der Vorsatz ihrer trotzigen Natur.

Als Gutenberg von Straßburg kommend an einem Herbstabende seine Vaterstadt wieder betrat, fühlte er sich nicht recht heimatlich mehr in ihren Straßen. – sie kamen ihm so anders vor als sonst, die lange Entfernung hatte ihm die bekannten, lieben Dinge entfremdet, er fand sie verändert und doch waren sie noch dieselben – jedes Haus an derselben Stelle wie einst, so groß und so klein, aber ihm war, ihre Physiognomien hätten sich verändert und sie schauten ihn nicht mehr so freundlich an. Wie eine schlimme Ahnung zukünftiger Dinge durchzog es seine Seele, und nur langsam und zögernd näherte er sich dem Hofe zum Gutenberg. Leise stieg er die bekannte Treppe hinauf, und schon die Klinke in der Hand, welche die Stube seiner Mutter öffnete, neigte er erst lauschend sein Ohr gegen die Türe. Es kam ihm gar so still in dem Hause und der Stube drinnen vor; doch wie er aufmerksam horchte, vernahm er Katharinas Stimme in gedämpften Lauten. Sie betete, das war ihm deutlich; – allein was sie betete, konnte er nicht unterscheiden, doch kam ihm ihr Ton recht ungewöhnlich, ernst und traurig vor. Unhörbar öffnete er die Türe und blieb an ihr gefesselt stehen. Im Hintergrunde der Stube stand wie von immerher die breite Himmelbettlade, die er jedoch früher nur höchst selten ohne die verhüllenden Vorhänge gesehen, welche sie wie ein kleines Heiligtum in dichten Falten umgaben. Heute waren sie weit auseinander gezogen, und von den weißen Kissen gestützt ruhte Else in halbliegender Stellung darin. Ihre Hände lagen gefaltet auf der Decke, und aus ihrem bleichen, eingefallenen Gesichte blickte das noch immer schöne blaue Auge in frommer Andacht empor. Katharina kniete neben dem Lager vor einem Betpulte, auf dem ein Kruzifix und eine brennende Kerze standen und betete aus einem Büchlein, das vor ihr lag. Das kleine flackernde Licht beleuchtete sie und die Kranke, allein sein schwacher Strahl erhellte nur wenig die große Stube und kaum merklich den eben Eingetretenen. Katharina erkannte ihn dennoch; sie zuckte zusammen und über ihr weißes Antlitz flog ein rosiger Schimmer – doch sah sie nur einmal nach ihm hin, unterbrach auch ihr Gebet nicht, eine leise Bewegung nur machte sie ihm entgegen, als bezeichnenden Wink, dass er nicht näher treten solle. Er gehorchte, und voll Sorge um die kranke Mutter, lauschte er nur mechanisch Katharinas frommen Worten. Als sie ihr Gebet geendet, sah sie ihn an, und dieser Blick bestimmte ihn abermals, sich ruhig zu verhalten. Sie erhob sich langsam, rückte das Betpult beiseite, beugte sich dann zu der Kranken nieder, indem sie mit ungemein sanfter Stimme zu ihr sprach:

»Liebe Ahne, ich habe dir etwas zu verkünden, das mir während des Gebetes offenbar wurde. Dein sehnlichster Wunsch wird sich erfüllen, du wirst die Hand auf deines Sohnes Haupt legen, ehe dein Auge sich für immer schließt. Drum sei getrost, arme Mutter und gräme dich nicht länger deshalb; bald wird er an deinem Lager stehen – bald – glaube es mir und freue dich.«

»Du, mein guter Engel, weißt mich immer wieder zu trösten und zu beruhigen«, erwiderte die Kranke schwach, doch voll dankbarer Liebe und bemühte sich, ihren entkräfteten Arm um Katharinas Hals zu legen. Doch diese nahm die zitternde Hand, die ihr liebkosen wollte und küsste sie, und eine Träne fiel darauf.

»O, du musst nicht weinen«, bat Else, »dich nicht so härmen um die alte Frau, die ja doch bald sterben müsste.«

»Ich weine wohl aus Leid, gute Mutter, aber auch aus Freude, denn, wie ich dir gesagt: Johann ist uns nahe.«

»Johann, mein Sohn, uns nahe?«, stammelte Else. »Wirklich uns nahe? Sprich es schnell aus, was du von ihm weißt – Sieh, ich glaube, wenn er da wäre, lebte ich wieder neu auf.«

»Er ist da – Fasse dich, liebe Ahne, dass die Freude dich nicht tötet!«, bat Katharina voll sorglicher Liebe und winkte Johann herbei, legte der Mutter Arm um seinen Nacken und schlich dann leise hinweg, ihre Tränen zu verbergen und auch um Martin rufen zu lassen, den treuen Freund, dessen Leben an das Leben seiner Freundin gebunden schien, denn der achtzigjährige Greis machte noch täglich den Weg von seinem Kloster in den Hof zum Gutenberg und seit Else krank darniederlag, verließ er sie beinahe nicht mehr. Vor einer Stunde erst war er weggegangen, denn Else glaubte ihre letzte Stunde nahe und verlangte nach den heiligen Sakramenten. Er, der treue Freund ihres Lebens, sollte sie ihr reichen von ihrem Todesgange, und er ging, nach den Vorschriften der Kirche, die ihnen beiden heilig waren, das Nötige zu besorgen. Doch brauchte er eine geraume Frist dazu; seine Kräfte hatten während Elsens Krankheit sichtlich abgenommen, und dann auch musste er sich erst fassen, um den Schmerz des Freundes in der Pflicht des Priesters zu überwinden. – Katharina, fürchtend, dass die Aufregung Elsens Ende schneller herbeiführen würde, und mit dem unerschütterlichen Glauben eines kindlichen, frommen Gemütes den

Satzungen der Kirche anhängend, erbebte bei der Möglichkeit, dass Else ohne dieselben sterben könnte, und befahl, eilends den Priester zu holen.

Ihre fromme Sorge schien jedoch nicht begründet, denn Else, von des Sohnes Anblick wie neu gestärkt, richtete sich wieder kräftiger empor. Hatte sie ihm doch noch so viel zu sagen, ihn noch so vieles zu fragen, das ihr jetzt erst wieder einfiel! Vor einer Stunde ganz überzeugt, sie habe völlig mit der Welt abgeschlossen, nur den Sohn noch zu segnen, drängten sich ihr jetzt auf einmal, da sie ihn wiedersah, so viele liebe Sorgen um ihn auf. Dieses, und die Freude, ihn wieder zu haben, wollten sie noch einmal an das Leben festketten. Wie gerne hätte sie jetzt noch recht lange gelebt, selbst ein sieches Leben hingeschleppt, nur um bei ihm zu sein, in sein liebes Angesicht zu schauen, seine liebe Stimme zu hören und wenn auch nichts mehr für ihn zu arbeiten, doch mit Wort und Rat noch für sein Wohl sorgen zu können.

»Ich möchte wohl noch eine Weile bei dir bleiben!«, sagte sie mit wieder etwas festerer Stimme. »Du ziehst nun nicht mehr fort, bleibst in der Heimat? – Nicht wahr, mein lieber Henne?«

»Ja, Mutter, ich bleibe fortan bei dir«, erwiderte er mit einem Kusse auf ihre eingefallene Wange.

Sie sah ihn dankbar lächelnd an, doch ein Seufzer folgte diesem Sonnenblick.

»Jetzt ist er da, und ich muss scheiden«, mahnte sie die gesunkene Lebenskraft, die nur die freudige Aufregung momentan wieder etwas gehoben hatte. Ein kalter Schauer schlich durch ihren Körper, ihr müdes Haupt sank an seine Brust und wie an einer festen Stütze sich zu halten, fasste sie ihn mit beiden Händen an. Er fragte ängstlich besorgt, ob ihr schlimmer werde, doch sie schüttelte verneinend den Kopf und redete mit Anstrengung weiter:

»Erzähle mir nun auch, denn es ist mir wichtig, wie du dir denken kannst, zu erfahren, was du in der langen Zeit erreicht hast. Ich hätte dir gerne mehr Mittel zu deinen Zwecken gesandt, aber du weißt ja, der Frielo – doch er ist tot – und du verzeihst ihm wie ich, – Ruhe sei mit seiner Asche! Ich hoffe ihn dort drüben zu finden, denn Gott ist barmherzig, und seine Güte ist groß.«

»Frielo tat nach seinem Sinne, gute Mutter, – richten wir ihn mild. Auch mein Tun gab manchen Anstoß und wurde viel und hart getadelt. Hätte es nur dir mehr Freude gebracht! Das ist das Einzige, was mich schmerzt – und jetzt, da ich endlich zurückkehre, bist du krank.«

»Ich bin alt, Henne. Wenn der Herr ruft, muss man kommen; er hat mich ja mit langem Leben begnadigt, drum klage nicht, wenn jetzt mein Auge brechen sollte. Es hat dich noch einmal geschaut, meine Hand liegt segnend auf deinem Haupte – lass uns nicht mehr verlangen – nein – nein – ich will es nicht – es wäre Sünde.«

Er presste seinen Mund auf ihre Stirne und sie fuhr nach einer Weile fort:

»Nur die eine Beruhigung möchte ich mit mir nehmen, das noch von dir hören: ob du erreicht hast, wonach dein Trachten nun schon so viele Jahre steht, für das du deine Heimat verlassen und all dein zeitlich Gut hingegeben hast? –«

»Ich habe den richtigen Weg gefunden, gute Mutter, auf dem ich mein Ziel erreichen werde, und bin hieher gekommen, zu sehen, ob freundschaftliche Hilfe mir nützen kann und ob ich sie in der Heimat finde. Gott möge mir helfen, dass ich's zur Vollendung bringe, das Werk, welches auch ihn verherrlichen soll.«

»Ich will an seinem Throne für dein Glück flehen, mein Sohn. Dies Haus werde dir eine heitere Heimat, in der du dein seitheriges Missgeschick vergessen kannst. Deine künftigen Tage sollen nur Tage der Freude sein, damit du entschädigt werdest für so lange Zeit der Mühen und Trübsal.«

»Flehe nicht darum, Mutter!,« widersprach Katharina, welche eben leise herzugetreten war. »Äußeres Glück ist nicht für ihn und Freude findet er nur allein in sich selbst. Was soll ihm auch äußeres Glück? Das Werk, das er vollenden wird, erfordert all seine Kraft, drum gehöre ihm auch sein ganzes Leben, sei es noch so mühsam und sorgenvoll. Mag es drum sein, wenn nur auf seinem Angedenken der Menschheit Segen ruht. Musste doch er selbst, der göttliche Sohn, für das Wohl der Welt die Dornenkrone tragen – am Kreuze enden, aus vielen Wunden blutend. Wolle nicht Besseres für dein Kind, schwache Mutter – mag sein Leben in Qual und Not hingehen – ein zweiter Messias der sündigen Welt, wird die Menschheit seine ganze Größe erst dann erkennen, wenn er längst nicht mehr ist.«

Else, welche gespannt Katharinas Worten folgte, umschlang, als sie geendet, mit letzter Kraftanstrengung ihren Sohn, und ihn mit Küssen bedeckend, stammelte sie:

»Nein, nein, keine Dornenkrone für dein liebes Haupt, kein Kreuz für dich, mein Sohn! Bist du doch nur Elsens Kind, kein höheres Wesen, und nur was menschlich ist, kann deine Mutter für dich erflehen. Mein Herz, mein schwaches Herz, wie sie es nennt, die heiliger ist als ich, verlangt heiß nach deinem Glücke, und nicht nur nach deinem ewigen Heil, nein, auch nach deinem zeitlichen. Werde glücklich, recht glücklich und zufrieden schon hienieden. Was frommt dir der Nachwelt Ruhm, so du jetzt dafür leiden musst? Wohl ist es schön und löblich, für vieler Wohl sich hinzugeben, aber ich möchte eben doch, dass du nicht allzu viel darunter leiden solltest. Geschah es denn nicht schon im Übermaße? Es wäre genug damit. Denke auch ein wenig an dich selbst, mein Sohn, und wandle froh und zufrieden über meiner Asche.«

Sie legte ihre zitternden Hände auf ihn und er kniete vor ihrem Lager nieder, ihren Segen zu empfangen.

»Gottes Güte sei mit dir immerdar!«, sprach sie feierlich. »Sie führe fortan auf sanften Wegen dich dem Jenseits entgegen. Deiner mühsamen Aussaat werde jetzt eine glückliche Ernte, und wie sie zu Nutz und Frommen der Welt dienen möge, beglücke sie auch dein eigen Haus, das die Engel der Freude beschützen sollen, damit jedes Trübsal daraus entschwinde.«

Sie sank erschöpft zurück. Das Mutterherz, in seiner Liebe und Sorge, seiner Schwäche und Stärke, hatte Elsen den letzten Segensspruch diktiert.

Martin trat jetzt im Priesterornate ein. Zwei Knaben, in Rot und Weiß gekleidet und Weihrauchgefäße tragend, folgten ihm; auch ein Sakristan, der unter weißem Tuche die Hostie und das heilige Öl trug.

Der Pater betete mit zitternder Stimme an dem Sterbelager der langjährigen Freundin und lauschte dann mit eigentümlich wehmütigem Lächeln der Beichte der Sterbenden, deren Seele er längst durch und durch kannte. Er reichte ihr die geweihte Hostie, segnete sie ein, salbte sie mit dem heiligen Öl, – dann sank er gebrochen an ihrem Lager nieder und barg sein Angesicht daran.

Sie warf noch einen Blick auf ihren Sohn und Katharina – einen langen, letzten Liebesblick, dann schloss sich ihr Auge, und ihre erkaltende Hand tastete nach Martins Haupt und legte sich darauf. Wie er sie gesegnet und gestärkt mit seinen Gebeten und den Tröstungen der Kirche zum Abschiede von diesem Leben, gab sie ihm gleichsam jetzt den Segen der Liebe dafür, – und wie sie leicht und sanft hinüberschlummerte, entschlief auch er zum Nimmerwiedererwachen unter dem liebreichen Druck ihrer Hand.

Sie wurde in der Grabesstätte der Gutenberg und Gensfleisch, die sich unter der Franziskanerkirche befand, beigesetzt, er auf dem kleinen Friedhofe seines Klosters.

Die Zeit hat längst über diesen beiden Ruhestätten, wie über so viele andere, eine heitere Decke voll Leben und Rührigkeit ausgebreitet, und man wandelt über sie hin, ohne ihrer zu gedenken. Die Gräber des Mittelalters sind geschlossen für immer. – Die Guten ruhen, wie Martin und Else, sanft in ihnen; doch auch kein böser Geist steige mehr aus ihnen empor, uns zu erschrecken! Nur die Lichtgestalten, die von Zeit zu Zeit wie ein unmittelbarer Ausfluss des Göttlichen in die Welt kommen, sie leben mit uns fort, wie ihre Werke, so auch ihr Angedenken.

Gutenberg, ein zweiter Messias, wie Katharina ihn nannte, gehörte zu ihnen, ja er ist die leuchtende Gestalt, die wie ein Stern an dem umnachteten Himmel jener Zeit uns anstrahlt in der Größe seiner Erfindung, die ein nimmer verlöschendes Licht der Welt angezündet hat, ein Licht, das in jede Dunkelheit eindringt, jede künstlich herausbeschworene Finsternis mit seinem mächtigen Strahle beleuchtet und mit seinem hellen Blitze die schwärzesten Wolken durchkreuzt. Aber Gutenberg, dem Schöpfer einer neuen Zeit, wie wir ihn nennen wollen, war wie fast allen Denen, deren Geist Außerordentliches fasst und ausführt, ein Weg voll Dornen bestimmt, den auch der Segen einer sterbenden Mutter nicht mit Rosen zu bestreuen vermochte.

Statt in der Heimat helfende Liebe und Teilnahme zu finden, stand er verlassen – allein in dem großen Hause, das ein schwer belastetes Eigentum für ihn war. Auch Katharina hatte sich von ihm verabschiedet und war in das Kloster eingezogen, in dem ihr durch den Rest der Rente, die sein größter Vermögensbesitz gewesen, eine Aufnahme gesichert war. Schon so lange von der Heimat abwesend, kam sie ihm jetzt durch die Trennung von den liebsten Personen doppelt fremd vor, und Sehnsucht nach St. Arkobast stieg in ihm auf, obgleich er dort so schwere Tage gehabt. Noch lagen die Sachen, die er von Straßburg mitgebracht, in dem Schiffe, in welchem er die Reise nach Mainz gemacht hatte. Der Hof zum Gutenberg, so still und leer in seinem Inneren und doch inmitten eines der belebtesten Stadtteile, wollte ihm für sein Schaffen nicht recht zusagen; auch musste er den größten Teil seiner Räume vermieten, wollte er nicht gezwungen sein, den seiner Mutter so teuren Familiensitz zu verkaufen. Die reichen Verwandten, die ihm noch lebten, näherten sich nur formell dem fremd gewordenen Vetter, und sein Pate, Hennel der Alte, zu dem er das meiste Vertrauen hatte, war eben mit seiner zahlreichen Familie auf einem Gute, um zu herbsten. Ihn dort aufzusuchen, verspürte er keine Lust, denn obgleich Hennel ihn als Knaben bevorzugt hatte, äußerte er später doch zuweilen Missbilligung über sein Treiben und zudem, wie konnte er sich im Laufe so langer Jahre nicht verändert haben?

So von Teilnahme und Freundschaft wie von den Mitteln zu weiterer Arbeit entblößt, ließ er seine Kisten und Kasten noch unausgepackt und nach einigen trüben, einsamen Tagen kam er auf den Gedanken, in der reichen Abtei Eberbach vielleicht am schnellsten zur Vollendung seines Werkes zu kommen. Ob sein Leben dann in einer Zelle ende, oder anderwärts – was kümmerte ihn das, würde doch selbst der Tod ihn nicht zurückgeschreckt haben, wenn er um diesen Preis sein vollendetes Werk der Welt hätte darreichen können.

Eingehüllt in sein Trauergewand verließ er Mainz und ging zuerst nach Eltville. Frielo lag dort schon seit mehreren Jahren begraben, und sein Weib war zu ihrer verheirateten Tochter gezogen. So fand er auch diesen Familiensitz verlassen und verödet, das Gut hatte ein Fremder käuflich ans sich gebracht, doch das Haus stand leer, dem Verfalle nahe. Dies schmerzte ihn und er traf mit einem seiner Vettern, namens Bechtermünz, die Übereinkunft, dass dieser das Haus unentgeltlich übernehmen und es als Erbe nach seinem Tode an ihn kommen solle, dafür aber für seine Erhaltung Sorge tragen müsse. Hatte Gutenberg auch hier nicht viel frohe Tage verlebt, war ihm das alte Familienhaus doch heilig, besonders durch Katharinas erste, schöne Jugendzeit, die sich damit verwob und ihre tiefe, reine Liebe, die hier für ihn entstanden und die sie ihm so treu bewahrte. Das Gefühl, welches ihn mit ihr verband, blieb seinem Herzen ein gleich teures Gut, dessen Wert nur in einzelnen Momenten der Leidenschaft, die einst Angelas lebensfrische Reize in ihm hervorgerufen hatten, etwas in den Hintergrund getreten war, längst aber wieder seine volle Geltung gewonnen hatte. Jene jugendliche Aufregung in Venedig wirkte einige Zeit peinlich in ihm nach, weshalb er anfangs jede Berührung mit Antonio, wie jede Nachforschung nach Kuno vermieden hatte. Später hielten ihn seine gedrückten Lebensverhältnisse davon ab, doch je länger der Zeitraum wurde, der zwischen ihnen lag, desto öfter gedachte er ihrer wieder und stets mit dankerfülltem Herzen. Er wünschte lebhaft, dass sie alle glücklich geworden, und hoffte, dass es so gekommen und geblieben. Gerne hätte er sich ihnen wieder genähert, wenn auch nur brieflich, allein in seiner Armut und Not, noch fern von seinem Ziele, mochte er den reichen Antonio nicht an sich erinnern – nicht Kuno, wenn er indessen glücklich geworden, das viele Missgeschick seiner Tage enthüllen, und hatte dieser selbst mit Kummer und Not zu kämpfen, nicht mit Klagen die Last seines Lebens mehren. In dem Augenblicke, wo Angela ihm sagte, dass sie ihn nicht liebe, war seine Ahnung, Kuno habe ihr Herz gewonnen, zur Gewissheit geworden, und so oft er später der Zeit gedachte, die er in Antonios Haus zugebracht, schwebte das häusliche Glück, das sich in dieser Liebe entfaltet, ihm als ein schönes Bild seiner Phantasie und seiner Wünsche vor, und stets richtete sich dann sein Auge himmelwärts und sein Mund flüsterte:

»Möge es so sein – und so bei ihnen bleiben.«

Nachdem er einige Tage in Eltville verweilt, und ein freundlicher Verkehr mit seinem Vetter Bechtermünz ihn etwas aufgeheitert hatte, wanderte er über die herbstlichen Felder dem Kloster Eberbach zu. Die Landschaft kam ihm ganz anders vor als damals, wo er mit Kuno den Rhein abwärts fuhr und weiter unten von dem Ufer aus nach der Abtei ging, und doch waren es dieselben Berge mit ihren dichten Waldeshäuptern und ihrem rebenumpflanzten Fuße, es waren die ummauerten Ortschaften, die Burgen und Klöster mit ihren Türmen und Schutzwällen, dort zerstört, hier neu aufgebaut. Kein anderer Charakter lag in der Landschaft, als eben das Herbstliche, das zu frühzeitig auch bei ihm eingezogen war. Damals, als er mit Kuno nach der Abtei wanderte, hatte der Frühling seine schönste Decke über diese Fluren ausgebreitet, und in ihm selbst, so ernst sein Auge auch schon in das Leben schaute, wehte doch der süße Frühlingshauch, der keiner Jugend fehlt. Als er die Klosterpforte erreicht und an ihrer Klingel gezogen hatte, empfand er eine eigene Beklommenheit. Aus diesem abgeschlossenen, fest ummauerten Hause – konnte denn aus ihm seine Erfindung sich über die Welt ausbreiten? – Doch schnell seine Zweifel überwindend trat er ein.

Und war es denn nicht hell und freundlich hier und alles in so ruhigem und geordnetem Gange? Und pflegte man nicht eifrig den Wissenschaften wie der Mildtätigkeit in diesen Mauern? Auf jener Seite lag die Herberge für arme

Kranke – hier in der schönen Halle hatte die Gastfreundschaft ihren Sitz aufgeschlagen und dort lehnte sich an den Kreuzgang die Bibliothek und die Bücherwerkstätte, die ihn einst so interessierte. Konnte man nicht gerade so gut eine Druckerei hier errichten? Gab man ihm die Mittel dazu und die nötigen Arbeitskräfte, in wenigen Jahren sollte sie die Welt in Erstaunen setzen, dem Kloster Ruhm, Ehre und Geld bringen. O gewiss, gewannen die gelehrten Mönche nur Vertrauen zu seiner Sache, so musste ihm die Ausführung hier am leichtesten werden.

Er fragte nach dem Pater, der vor Jahren so freundlich gegen ihn gewesen und ihn ermuntern wollte, sein Leben hier zuzubringen. Jetzt war er entschlossen dazu – nur einige unerlässliche Bedingungen wollte er daran knüpfen, dann konnten sie ihn haben mit Leib und Seele, mit all seinem Wissen, seinen Erfahrungen, seinen mechanischen Künsten. Der Mönch, nach dem er fragte, lebte noch und war inzwischen Abt des Klosters geworden. Nach kurzem Zögern ließ er Gutenberg zu sich kommen, dessen Name die Erinnerung an den jungen Mann, den er einst gerne an Eberbach gefesselt, wieder auffrischte. Er war indessen ein Greis geworden und hinfällig, doch zeigte er sich noch sehr tätig und für das Wohl der Abtei sehr besorgt.

»Seid willkommen bei uns!«, begrüßte der Abt seinen Gast, nachdem er einen prüfenden Blick auf ihn geworfen. »Ich habe Euch nicht vergessen, Junkherr Gutenberg, und Ihr uns auch nicht, wie es scheint. Was bringt Euch aus der Welt zu uns, in der Ihr indessen langjährige Erfahrungen gesammelt habt? Sie haben Eure Stirn gefurcht und in Eure braunen Haare weiße Fäden eingezogen, wie sie zu frühzeitige Herbsttage über Blumen und Früchte hinziehen. Sprecht, mein Sohn, was bringt Euch aus den lauten Begebenheiten draußen in die stillen Mauern unseres Hauses?«

»Dasselbe Verlangen, das mich einst aus der Heimat in die Welt getrieben, bringt mich aus ihr jetzt zu Euch.«

»Und das wäre? Erklärt Euch deutlicher, mein Sohn.«

»Etwas zu vollbringen, was der Welt zu reichem Segen werden könnte«, erwiderte Gutenberg nach einer kleinen Pause.

»Ein löblicher Vorsatz; – doch wie mich bedünken will, hat er bis jetzt noch keine rechten Früchte bei Euch getragen.«

»Früchte freilich noch nicht – nein, diese noch nicht«, sagte Gutenberg etwas niedergeschlagen, setzte jedoch schnell hinzu: »Früchte reifen langsam – der Keim treibt erst Blätter und Blüten, und knickt diese kein Sturm und bescheint sie nur hie und da des Himmels warme Sonne, gibt es Früchte. Ich möchte nun die Blätter und Blüten, die dem Keime entsprossen, den Gott in meine Seele gelegt, hieher verpflanzen, damit sie unter der milden Sonne Eures heiligen Hauses, das der Welt schon so manches Gute gebracht, zu schöner Frucht heranreifen könnten.«

Der Abt schwieg eine Weile und sah Gutenberg aufmerksam an. Der Ernst und die Wärme, welche in seinen Worten lagen, wie der edle Ausdruck seines ganzen Wesens stimmten ihn günstig für ihn, doch in kluger Weise dies nicht gleich verratend, sprach er mit vieler Ruhe:

»Was Ihr da sagt, Junkherr Gutenberg, klingt recht schön und gut – doch rätselhaft. Drum lasst die Bilder, und sagt einfach, was Euch hieher geführte?«

Gutenbergs Brust beklemmte sich, als er sein Geheimnis offenbaren sollte, und dem Abte näher tretend, sprach er gedämpft:

»Ehe ich Euch klar enthülle, was ich in langjährigen Mühen erforscht, gelobt mir, falls wir uns nicht darüber verständigen sollten, ein unverbrüchliches Schweigen.«

»Und wenn wir uns verständigen sollten?«, fragte der Abt ausweichend.

»Bleibe ich für immer hier, und was ich vollbringe, finde durch Eure Pforte den Weg in die Welt.«

»Für die Welt ist also Eure Kunst ausschließend bestimmt?«, forschte der Abt.

»Ja, für die ganze Menschheit, für ihr Wohl und Heil«, erwiderte Gutenberg mit edler Wärme.

»Das ist ein großes Wort, mein Sohn. Möge es sich erfüllen! – Doch lasst hören, Junkherr Gutenberg, was Euer Wort bekräftigt.«

»Gelobt mir erst Schweigen, Herr Abt.«

»Meine Würde mag Euch bürgen auch ohne mein Wort, dass ich Euer Vertrauen nicht missbrauchen werde«, erwiderte der Abt mit Salbung.

»Ich glaube Euch gerne – doch seht, wenn man sein ganzes Leben, all sein Denken, Tun und Trachten auf etwas gesetzt hat, und will es nun hingeben an einen anderen, wird man ängstlich, zaghaft – vergebt mir drum, dass ich auf einem feierlichen Gelöbnisse bestehe. Bei dem Kreuze, das dort über jenem Betstuhle steht, schwört mir: an Niemand wieder zu geben, was ich Euch jetzt hinzugeben entschlossen bin.«

»Wohlan, es geschehe Euer Wille«, gab der Abt nach einigem Bedenken zur Antwort. »Ich schwöre bei dem Gekreuzigten, dass es also sei, wie Ihr verlangt, bis Ihr selbst des Gelöbnisses mich entbindet.«

Gutenberg atmete tief auf, dann sprach er erst langsam und leise, dann immer gedrängter und lauter:

»Schon von früher Jugend an wurde die Idee in mir lebendig, dass durch schnelle Vervielfältigung der Schrift viel Gutes in der Welt zu Wege kommen könnte – später erkannte ich einen höheren Fingerzeig darin, denn es wurde meinem Geiste immer deutlicher, welche hohe Wichtigkeit eine Erfindung für die Welt haben müsste, die durch einen Mechanismus schnell und leicht die Gedanken bevorzugter Geister, die Schätze der Wissenschaft, wie die Kenntnis aller menschlichen Zustände, vom Kleinsten bis zum Größten, kurz alles, was sich niederschreiben ließe, in unzähliger Weise zu Papier und Pergament brächte, damit jeder danach greifen könnte zu seiner Belehrung und Freude.«

»Und solchen Mechanismus habt Ihr erfunden – oder steht doch seiner Erfindung nahe?«, fragte der Abt in höchster Spannung.

»Jahrelang hab ich danach gesucht in ernster Forschung und mühevoller Arbeit – bis ich endlich das Richtige fand.«

»Ihr fandet es wirklich?«, rief der Abt sich erhebend.

»Ja, ich fand es. – Doch meine Kraft, und mehr noch meine Mittel erschöpften sich in Versuchen. Dass es gelingen muss, gelingen wird, wie es mir vorgeschwebt, steht jetzt als feste Überzeugung in mir. Nur die nötigen Mittel und Arbeitskräfte fehlen – ihrer bedarf ich und noch einige Jahre Zeit, dann aber wird das Werk vollendet sein.«

Der Abt ging einige Mal im Gemach auf und ab, trat dann vor Gutenberg und sagte:

»Wo sind die Beweise, dass Wahrheit ist, was Ihr sagt? Grenzt es doch ans Unglaubliche.«

»Die Beweise liegen leider größtenteils nur in mir selbst, doch kleine Proben des Druckes lege ich Euch vor, der vervollkommnet Euren schönsten Handschriften gleichkommen würde und der vermittelst einer Presse schnell und leicht hundertfach vervielfältigt sich wiedergibt.«

Er zog ein auf beiden Seiten bedrucktes Blatt hervor, das Beste, was ihm bis jetzt gelungen war. Der Abt nahm es begierig in die Hand und sagte:

»Drucktet Ihr dies von Holztafeln ab, wie es die Briefdrucker machen?«

»Ja«, war Gutenbergs zögernde Antwort.

»Es ist auf beiden Seiten gedruckt«, fuhr der Abt, das Blatt umwendend, fort, »das können die Briefdrucker nicht. Ihr habt also eine Presse erfunden, statt des Reibers, durch die Ihr dies zu Stande bringt? Ist's nicht so?«

»Ja«, bestätigte Gutenberg abermals kurz.

»Wie wollt Ihr aber den Text zu ganzen Büchern in Holz schneiden? Ich finde keine Möglichkeit dafür.«

»Auch ich fand dafür keine, doch endlich habe ich mit Gottes Hilfe einen andern Weg entdeckt; klar steht er vor meiner Seele und, wie ich Euch schon gesagt, nur der nötigen Zeit und Mittel gebricht's. – Gebt mir beides und nehmt mich selbst und meine ganze Kraft dafür hin. Eins jedoch müsst Ihr mir heilig geloben, das Eine, dass meine Erfindung von hier aus sich über die Welt verbreiten darf und nicht ein Monopol in diesen Mauern bleibe; denn das ist ihre heilige Bestimmung, sie gehört dem Allgemeinen an, und freudig gebe ich alle meine Kräfte dafür hin, doch nur dafür.«

»Und was bliebe dann uns?«, fragte der Abt mit forschendem Blicke.

»Ruhm und Ehre, der Segen der Menschheit.«, erwiderte Gutenberg. »Und auch Geldvorteile, wenn Ihr darauf seht«, fuhr er nach einer kurzen Pause fort. »Ihr könntet im Interesse Eures Klosters die Sache in ihrem ersten Anfange ausbeuten. Jedes Unternehmen ist eines besonderen Lohnes wert. Ich will darauf verzichten, will arbeiten, nur arbeiten hier bei Euch und mich im Stillen der guten Früchte meiner Arbeit freuen.«

»Noch aber, mein lieber Sohn, habt Ihr mir nicht gesagt, worin die Möglichkeit des Bücherdruckes liegt?«, wandte der Abt ein. »Vergebt mir, dass ich es noch immer für eine Illusion von Euch halte, halten muss, so lange, bis Ihr mir erklärt, welcher Mechanik es möglich ist, Eure Jdee ins Leben zu rufen.«

»Druck vermittelst einer dazu eingerichteten Presse, wie ich Euch bereits enthüllt«, erwiderte Gutenberg, dann fuhr er mit einiger Anstrengung fort: »und durch die Zusammensetzung der Worte und Sätze mit b e w e g - l i c h e n  L e t t e r n.«

Wie er dies ausgesprochen, erblasste er und ein Erzittern schüttelte seinen starken Körper.

Auch der Abt erbebte. Und als ob ihm plötzlich die ganze Größe dieser Idee offenbar werde und ihn niederdrücke, sank er in einen Stuhl und bedeckte sein Gesicht mit beiden Händen – dann aber sprang er wieder empor, sein Auge flammte und Gutenbergs Hand mit krampfhaftem Drucke festhaltend, sprach er zu ihm:

»Solche Gabe wollt Ihr der Welt darreichen? Habt Ihr denn bedacht, dass sie dadurch vollends aus ihren wankenden Fugen reißen, und was seither sie gehalten, was an ihr gepriesen und geduldet worden, durch Eure Erfindung vernichtet werden könnte? Nein – nimmermehr! Nur dem Weisen gehört die Weisheit – der Einfältige bleibe, wie und wo er ist, in der Hütte der Arbeit und Unwissenheit. Nie strecke sich seine Hand verlangend nach einem höheren Gute aus, als dem Gebetbüchlein, das er als höchsten Schatz in seiner Hütte bewahrt. Mir schwindelt, wenn ich dran denke, was eine Erfindung, die alles Wissen und alle Gedanken pfeilschnell von Ort zu Ort verbreitete, der Welt werden könnte – und fern sei es von mir, ihr Vorschub zu leisten. Auch Ihr müsst von solchen Ideen zurückkehren. Sie sind ein schönes Trugbild und ein höchst gefährliches. – Bleibt bei uns! Es soll Euch gut ergehen, wollt Ihr nun unser Ordensbruder werden oder nicht. Ihr sollt ein behagliches Leben neben angenehmer Beschäftigung finden. Eure Künste werden Euch und uns unterhalten – und macht's Euch Freude, in unserer Bücherwerkstätte zu helfen, diese und jene Verbesserung einzuführen, sei's

Euch gewährt. Doch denkt nicht weiter an die Ausbreitung einer Kunst, die Ungeheuerliches in sich trägt und nicht als ein Gottes-, sondern vielmehr als ein Satanswerk die Welt erschüttern würde. Nein, mein geliebter Sohn«, fuhr er feierlich fort, »nicht weiter sollst du auf diesem Wege wandeln. Beuge dich vor meiner Erfahrung und der Würde meines Amtes und befolge meinen väterlichen Rat: weile fortan in Ruhe, Frieden und gottgefälligem Wandel in unserer Mitte. Du besitzest Geist und edlen Willen, doch beide sind auf einer gefährlichen Höhe angelangt. Gott hat dich zu mir geführt, dass ich dich errette und dich mit sicherer Hand von dieser schwindelnden Spitze wieder herab leite auf die rechte Lebensbahn.«

»O Gott, wie himmelweit sind unsere Begriffe verschieden!«, rief Gutenberg mit angsterfülltem Tone. »Und ich gab Euch mein Heiligstes so offen hin, – doch ich habe Euren Schwur«, fuhr er hastig fort, »es kommt nicht über Eure Lippen. Ihr habt es gelobt bei dem Erlöser – vergesst das nicht. Gehabt Euch wohl, Herr Abt. Ich täuschte mich in Euch – Ihr in mir. Last uns vergessen, dass wir noch einmal zusammen kamen.«

Er wollte schnell die Stube verlassen; es wurde ihm so bange darin, doch schon hatte der Abt nach einem Schellenzuge gegriffen und ein schriller Ton durch das Kloster geschallt: in demselben Momente, als Gutenberg die Schwelle des Zimmers überschreiten wollte, erschienen mehrere Mönche und verhinderten seine Entfernung. Der Abt streckte gebietend seinen Arm gegen ihn aus und wollte sprechen.

»Gedenkt Eures Schwures!«, mahnte Gutenberg nach dem Kruzifixe zeigend.

»Es ist ein Wahnwitziger, bringt ihn in eine Zelle und bewacht ihn gut«, befal der Abt, doch beklommen und mit großer Anstrengung drang dieser Befehl aus seiner

40

Brust und kaum war er gegeben als er mit einem krampf-
haften Aufschrei zu Boden stürzte.

Erschrocken eilten die Mönche zu seiner Hilfe herbei,
nur einer von ihnen blieb noch einen Moment neben
Gutenberg stehen und sprach leise zu ihm:

»Benutzt die Verwirrung und flieht, – leicht könntet Ihr
sonst für die Welt verloren sein.«

»Ich fliehen und er besitzt mein Geheimnis – und die
Kirche kann seinen Schwur lösen!«, murmelte Gutenberg
und nahte sich dem Abte.

Dieser wollte sich aufraffen, wollte reden, wollte noch
einmal die Hand gegen ihn erheben – doch umsonst –
Sprache und Arm versagten dem Willen. Ein Schlagfluss
hatte den alten Mann gelähmt, und er vermochte weder
durch Worte noch Zeichen mehr anzudeuten, was er von
Gutenberg fürchte. Und abermals flüsterte diesem die war-
nende Stimme zu:

»Flieht schnell von hinnen!«

Er sah den Warner an und entdeckte nach flüchtigem
Besinnen in ihm den niederländischen Maler wieder, den
er einst in der Bücherwerkstätte der Abtei getroffen und
der ihm damals den Küster in Haarlem genannt. Er war in
dem reichen Kloster geblieben, das ihn seit Jahren schon
zu seinen Ordensbrüdern zählte. Gutenberg nickte ihm
dankend zu und eilte unaufgehalten von dannen.

Als er spät am Abend in Mainz ankam, betrat er niedergeschlagen sein großes, leeres Haus; doch schon auf
der Treppe vernahm er laute Stimmen oben, und als er
erstaunt in die Stube trat, fand er seinen Paten Hennel in
eifrigem Gespräch mit Lorenz, und ein paar wilde Knaben,
welche lärmend durch die anstoßenden Gemächer sich
tummelten.

»Siehe, da ist er ja!«, rief Hennel, der Alte, Gutenberg
freudig entgegen. »Aber was bist du alt geworden!«, setzte

er kopfschüttelnd hinzu. »Wirst bald Hennel der Alte Numero Zwei heißen. Warum bist du aber auch so lange in der Welt herum gefahren? Was mir dein Knecht davon erzählt, klingt freilich, als ob du ganz Appartem nachgelaufen seiest – hast's aber, wie mir vorkommt, noch nicht eingeholt und bist nur so die Kreuz und Quer in der Irre herumgewandelt, um endlich den Weg dahin wieder zu finden, wohin du von Gott und Rechtswegen gehörst. Nun wie ist's? Was willst du jetzt beginnen? Sei offen, Pate, ich meine es gut mit dir.«

»Ich möchte dies große Haus, das ich nicht nach meinem Sinne benutzen kann, in Miete geben, Vetter, so Ihr damit übereinstimmt, und möchte mir anderwärts einen stillen Ort aussersehen, wo ich ungestört meinen Arbeiten leben kann.«

»Es ist so ziemlich, wie ich mir's gedacht«, erwiderte Hennel und fuhr fort: »Als ich's draußen im Gau vernommen, dass deine Mutter in Gott entschlafen und Katharina ins Kloster gegangen sei, trieb es mich herein, nach dir zu sehen. Auch sind meine Geschäfte auf dem Gute so ziemlich beendet; mein Weib kann sie mit den Mädels vollends ins Reine bringen. Diese zwei wilden Schlingel nahm ich mit, weil sie nur stören statt helfen, und bin nun da, um dir, so es dir recht ist, mit Rat und Tat an die Hand zu gehen. Für den Hof zum Gutenberg weiß ich einen ehrenhaften Mieter, bis bessere Zeiten dir gestatten, ihn selbst zu bewohnen. Einstweilen kannst du zu mir ziehen. Ich habe, wie du wohl schon gehört, seit einigen Jahren den Hof zum Jungen gemietet, da die Landeck einen herangewachsenen Sohn für ihr Haus hatten. Der Hof zum Jungen nun nimmt, wie dir bekannt, ein halbes Quadrat ein und schließt viele große und kleine Wohnungen, Höfe und Gärten in sich. Da steht denn so ein kleiner Anbau mitten drin, nicht tauglich für ein Hauswesen, doch für einen einzelnen Mann gerade recht, ein paar Stuben und Kammern ganz passend zu allerlei Arbeiten. Willst du dahin ziehen, so schlag ein, oder komme lieber gleich mit – denn was sollst du allein in dem ausgestorbenen Hause? Das ist traurig. Lass den Lorenz deine Sachen fortschaffen. Er wird schon wissen, was dir taugt. Das Übrige verkaufen wir oder bewahren es auf, wie du willst und es dienlich für dich ist. Wegen dem Mietzins bei mir mache dir vorerst keine Sorge. Bist mein Gast, bis es dir besser ergeht. Auch mein Weib wird dich willkommen heißen, verlasse dich darauf. Kätigen ist ein braves Weib – sie und die Kinder, groß und klein, werden dir schon den trüben Sinn umwandeln. Schau dir nur erst die wilden Buben und die muntern Mädchen an, das ganze halbe Dutzend! Ja, ja, so geht's, wenn man sich allzu lange besinnt und so spät heiratet, wie ich getan, dann bringt man das Versäumte doppelt ein und hat jedes Jahr Taufe im Haus. Doch es ist ein Segen Gottes, wahrhaftig, ein wahrer Segen Gottes – ein Weib, wie Kätigen und Kinder, wie diese bösen Buben da. He, kommt herein, Hans und Klaus – Ihr könnt Euch schon sehen lassen! Sind's nicht Staatsbuben, Henne? Aber erst die Susanne und das kleine Trudchen, die werden dein Herz erfreuen, das sind sanfte liebe Kinder – und gib nur Acht, Pate, sie werden dir schon die Grillen aus dem Kopfe treiben.«

Hennel der Alte plauderte auf diese Weise noch eine Weile fort, dann nahm er Gutenberg mit in den Hof zum Jungen, von dem eine Seite ihrem Stammhause gegenüber lag und der einen weit größeren Umfang als dieses hatte. Es war ein großes Gebäude von unregelmäßiger Form, oder vielmehr aus verschiedenen unregelmäßigen Häusern, Hallen, Gängen, Winkeln, Höfen und Gärten zusammengesetzt und bildete so ein ansehnliches Quadrat, das an mehrere Straßen grenzte und in seinem Inneren eine eigene kleine Welt in sich schloss. Diese Gebäude hatten alle etwas Klosterartiges, nur ihre vorspringenden Erker und die größere Anzahl ihrer Fenster nach der Straße zu zeigten ihre weltliche Bestimmung an, wie auch ihre Türen sich öfter auf- und zutaten, und die hellen Kinderstimmen, die man hinter ihnen vernahm, statt der Betglocken jener frommen Klausen, frohlockend zum Himmel emporschallten. Das kleine Gebäude, welches Hennel seinem Paten überlassen wollte, war angehängt an die Hinterwand eines großen Hauses, das längst nicht mehr erkennbar, als einst zum Hofe zum Jungen gehörend, jetzt als höhere Bildungsanstalt für die Mainzer Jugend benutzt wird. An dem großen Gebäude sah das kleine Anhängsel unbedeutend aus, und doch war viel Raum in seinem Inneren: ein weites Erdgeschoss und freundliche Stuben unter dem Dache, aus deren Fenster man einen ziemlich hübsch angelegten Garten übersehen konnte, der wie eine blumige Oase aus den ihn umgebenden Steinmassen hervorsah.

Gerade gegenüber lag Hennels Wohnung, deren Vorderseite nach der Straße mündete, in der auch das Stammhaus der Gensfleisch lag. Gutenberg, zufrieden in dem weitläufigen Gebäude eine für sich abgesonderte Wohnung zu haben, dankte Hennel von ganzem Herzen für seine freundschaftliche Zuvorkommenheit, und nach wenigen Tagen hatte er sich mit Lorenz und der beiden Knaben Hilfe vollständig hier eingerichtet, und nun ging es an das Auspacken der Kisten, die er von Straßburg mitgebracht. Dieses Geschäft besorgte er jedoch allein zum Verdrusse von Hans und Klaus, deren Neugierde dadurch gewaltig angeregt wurde.

Bald darauf kehrte auch Hennels Weib mit den anderen Kindern zurück, und sie begrüßte nicht minder freundlich als ihr Mann den vielgereisten und vielwissenden Vetter. Gutenberg fühlte sich bald heimisch in diesem Familienkreise, in welchem ihm freundliche Teilnahme und willfährige Zuvorkommenheit entgegenkamen, ohne ihn durch Neugierde und Zudringlichkeit zu belästigen. Hennel, obgleich kein Mann von großem Wissen, hatte doch praktische Einsicht genug, Gutenbergs Geschicklichkeit in mechanischen Künsten schnell zu erkennen, und da die Vorurteile seines Standes ihm wenig innewohnten, freute er sich über die Beharrlichkeit, mit der Gutenberg von früher Jugend an diesen Beschäftigungen oblag, was auch den Glauben in ihm erweckte, dass endlich doch etwas ganz Außerordentliches daraus hervorgehen müsse. Dieses, und eine angeborene Gutmütigkeit hießen ihn den verarmten Verwandten unterstützen, so viel als sein und seines Weibes sparsamer Sinn wie die Rücksicht auf ihre eigene zahlreiche Familie es ihnen gestatteten; dabei bemühte er sich aus den wenigen Überresten von Gutenbergs Erbe noch da und dort etwas für ihn herauszuschlagen.

So verlebte Gutenberg einige Jahre ruhig und ohne besondere Sorgen bei seinen Verwandten; aber auch seine Erfindung wollte keinen wesentlichen Fortgang nehmen. Die Arbeit war für ihn allein zu mühsam und schwierig, und so sehr er auch an sich sparte, fehlte es doch zu einem rascheren Vorangehen an den nötigen Mitteln, er geriet in Schulden, und die Verpflichtungen gegen seinen Paten mehrten sich von Tag zu Tag. Blieb dessen ungeachtet Hennel auch gleich freundlich und gefällig gegen ihn, und sorgte auch sein Weib stets mit gleicher Güte für seine täglichen Bedürfnisse, kamen doch hin und wieder Augenblicke, in denen er schwer empfand, wie abhängig er von diesen Verwandten sei. Oft, wenn er mit ganzer Seele bei neuen Versuchen war, um bei dem schwierigen Druckverfahren dies oder jenes zu erleichtern oder zu verbessern, mahnte ihn seine Base etwas mehr an Arbeiten zu denken, die ihm Geld einbringen würden und die sie im Kreise ihrer Bekannten leicht verwerten könnte, oder gab ihm

Hennel gute Ratschläge und meinte, er solle nicht. Allzu viel seinen Ideen nachhängen, erst für das Notwendige der Gegenwart sorgen und nur die übrige Zeit auf Dinge verwenden, die noch keinen festen Boden hätten. Gutenberg vertraute ihm nicht direkt an, welches Werk er zu vollenden gedenke, allein Hennel war zu klug und zu praktisch, um nicht annähernd wenigstens zu begreifen, um was es sich handle. Er fasste jedoch nur den pekuniären Vorteil ins Auge, der, wenn die Sache gelang, unzweifelhaft ein großer sein musste. Allein das Gelingen erschien ihm, bei dem langsamen Fortgang zu unsicher, um es nicht für seine Pflicht zu halten, Gutenberg zu ermahnen, nicht allzu viel daran zu setzen.

So stahl sich auch in dieses anscheinlich so freundliche Asyl nach und nach Peinliches für Gutenberg ein, das im Stillen an ihm nagte und ihn oft schwerer drückte, als manche harte Zeit in St. Arkobast. Doch für solche Stunden herber Qual hatte die Vorsehung einen tröstenden Engel ihm beschieden in der Gestalt eines holden Kindes, das mit seinen hellen Augen ihn so freundlich anlachte, wie der Himmel selbst, wenn er sein heiterstes Blau über den Hof zum Jungen ausbreitete. Es war Gertrud, eines der jüngeren Kinder Hennels, die sich mit all der Vorliebe, welche Kinder oft plötzlich ohne bestimmte Ursache für gewisse Personen an den Tag legen, sogleich an Gutenberg angeschlossen hatte. Wenn er in der Stube bei ihren Eltern war, saß sie gewiss au einem Schemel neben ihm und lauschte aufmerksam auf alles, was er sprach, mochte sie es nun verstehen oder nicht; traf sie ihn im Hofe, sprang sie auf ihn zu, lachte ihn an, liebkoste ihn, sagte ihm ein herziges Wort, sprang wieder davon, um alsbald noch einmal zu ihm zurückzukehren. Hatte sie eine Blume, erhielt er sie sicher, und war's auch nur durch Lorenz, der sie an sein Fenster stellen musste. Bemerkte sie, dass Gutenberg traurig war, nahm sie schmeichelnd seine Hand und ließ ihm nicht Ruhe, bis er ihr etwas erzählte oder sie über etwas belehrte, und fragte ihn so lange und so vielerlei, bis seine Stirne sich dabei erhellte.

Nahm er sie einmal mit in seine Stube, war sie ganz selig und mit unschuldiger Kinderfreude betrachtete sie jeden Gegenstand, wie etwas, das sie noch nie geschaut und ganz besonderen Wert habe.

Doch niemals betrat sie unaufgefordert seine Wohnung, und an seiner Werkstätte, die sich im unteren Stockwerk befand, ging sie stets mit scheuer Ehrfurcht vorüber. Entdeckte sie einmal, dass die Knaben an den Fenstern emporkletterten, um Gutenbergs Arbeiten zu belauschen, hielt sie ihnen eine ernste Strafpredigt und drohte, es dem Vater zu verraten, damit dieser sie bestrafe, oder sie drohte, ihnen niemals wieder einen Gefallen zu erzeigen. Das letztere wirkte stets am meisten, denn das kleine Mädchen hatte gar manches gut zu machen, was die wilden Buben verbrachen – und sie tat es oft, ehe die Mutter oder der Vater es gewahr wurden. Obgleich im Alter die jüngste der Schwestern, war sie doch bereits so geschickt, wie die beiden älteren Mädchen und sanfter und gutmütiger als diese und viel bereitwilliger, den wilden Knaben beizustehen.

Ein milder, sorgender Sinn zeigte sich schon im zartesten Alter bei der kleinen Gertrud, dabei besaß sie viel Wissbegierde und eine rührende Herzensgüte. Sie war der Liebling aller, doch ihr Herz bevorzugte keines von ihren Geschwistern, auch nicht den Vater oder die Mutter; sie war gleich freundlich, gleich sanft und lieb gegen alle. Nur Gutenbergs Nähe bewegte sie lebhafte. War sie bei ihm, strahlte ihr Auge in erhöhtem Glanze, bekam ihr rosiges Gesichtchen einen geistigeren Ausdruck. Dies holde Kind erheiterte Gutenbergs trübe Stunden; je vertrauter Gertrud mit ihm wurde, je inniger sie sich an ihn anschmiegte, desto leichter ward ihm die Last, die auch bei diesen gastfreundlichen und braven Verwandten ihn zuweilen drückte, ja ihn mitunter recht schwer drücken wollte.

# 3

Von der Zeit an, wo der Hof zum Gutenberg andere Einwohner erhielt, öffnete sich nicht mehr so oft wie früher
das Fenster in des Goldschmieds Haus, aus dem man auf
Elsens einstiges Blumengärtlein herabsehen konnte, ja es
war meistens von einem dichten Vorhang umhüllt; hinter diesem verbrachte Margarethe zuweilen eine Stunde,
in der sie unruhig umherging oder gedankenvoll in einem
Sessel lehnte. Sie wusste, dass der Freund ihrer Jugend
wieder in ihrer Nähe weilte und dass er in abhängigen Verhältnissen bei Hennel, dem Alten, lebte; auch vernahm sie
vielerlei wunderliche Gerüchte, die über sein Treiben im
Hof zum Jungen verlauteten und in welchem Aberglaube
und Klatschsucht, die immer Schlimmes zu Tage fördern,
gewaltig spukten. Zwar verschwanden die Vermutungen
über den so lange in der Fremde Herumgewanderten nach
und nach wieder, da er unbekümmert darum, stille für
sich hinlebte, und seine Verhältnisse so höchst bescheiden
blieben – allein in Margarethe klang alles fort, was sich
auf ihn bezog, und zu erforschen, welcher Art eigentlich
seine Beschäftigung sei, wurde zu einem so unwidersteh-
lichen Verlangen bei ihr, dass sie eine längst vergessene
Jugendfreundschaft mit Hennels Weib wieder aufzufri-
schen suchte, um im Hof zum Jungen aus und eingehen
zu können.

Katharine, oder Kätigen, wie Hennel sein Weib am
liebsten nannte und auch wir sie fortan nennen wollen, war
eine einfache, brave Frau, ein Muster von Häuslichkeit und

frommer Sitte, wie nur in einem Bürgerhause der alten Zeit eine zu finden war. Von dem Hochmute der Patrizier hatte sie so wenig geerbt wie ihr Mann. Ihre Familie war, gleich Hennel in der Stadt geblieben und hatte sich mit den Zünften zu vertragen gewusst; dennoch aber drückte der allgemeine gegenseitige Hass auch ihrem verträglichen Gemüte eine kleine Spur ein, und die freundliche Annäherung der stolzen Goldschmiedsfrau an ihr, wenn auch bescheidenes, doch vornehmeres Haus wollte ihr nicht recht behagen. Nicht etwa, weil sie überhaupt nicht gern mit den Weibern der Zunftgenossen verkehrte, im Gegenteile, sie war mit vielen derselben befreundet, sondern nur deshalb weil Margarethe eine gar so prunkende Frau und die Frau des mächtigen Jakob Fust war, der die Patrizier seinen Einfluss auf alle städtische Angelegenheiten jederzeit empfinden ließ. Doch war sie zu gutmütig und auch zu beschränkt, um mit sicherem Takte und bestimmtem Willen Margarethens Annäherung zurückzuweisen, und die schöne stattliche Goldschmiedsfrau besuchte von Zeit zu Zeit die ehemalige Jugendgespielin wieder und erfreute die jungen Töchter derselben mit hübschen Ringlein und sonstigen kleinen Goldzieraten. Sie tat dies mit großer Freundlichkeit, was Kätigens Mutterherz bestach, besonders da der strenge Vater nicht erlaubte, dergleichen zu kaufen, und die jungen Mädchen eben, wie die Mehrzahl ihrer Altersgenossen, ein wenig eitel und putzsüchtig waren, und die freundliche freigebige Goldschmiedsfrau ihnen drum auch bald für ein Muster guter Lebensart galt. Nur Gertrud erfreuten die Geschenke Margarethens nicht, sie hätte sie am liebsten gar nicht angenommen, aber sie war die jüngste der drei Schwestern, weshalb ihr keine Stimme in dieser Angelegenheit eingeräumt wurde. Schweigend nahm sie hin, was ihre Schwestern mit lauter Freude erfüllte und gab es dann der Mutter zum Aufbewahren.

Eines Tages jedoch, als ihr Margarethe, und zwar ihr allein, eine goldene Nadel zum Halt in die blonden Flechten einstecken wollte, wies sie das schöne Geschenk zurück und sagte:

»Behaltet's, Frau Fustin; mich erfreuen solche Dinge nicht, denn während ich sie trage, habe ich stets Sorge, sie beim Spielen zu verlieren und ich springe lieber herum, als dass ich mich aufputze.«

»So trag's zum Gang in die Kirche«, entgegnete Margarethe. »Ja die Kirche? – Nein, da mag ich's gar nicht tragen«, fiel schnell das kleine Mädchen ein.

»Weshalb denn nicht? Hast du vielleicht deine Gedanken darauf gerichtet, einst deine goldnen Haare mit dem Nonnenschleier zu bedecken?«

Gertrud sah die Fragerin groß an und sagte sehr entschieden:

»Nein, das tue ich nie, ich will einst werden, was meine Mutter ist, die aber trägt keine goldnen Nadeln, sondern nur Hauben ohne vielen Zierrat.«

»Wenn man Geld und Gut hat, warum sollte man es nicht zur Schau stellen, kleines Ding?«, verwies Margarethe etwas geärgert.

»Ihr tut's –«, erwiderte das Kind, sie betrachtend, »und es steht Euch wohl an, denn Ihr seid schön und prächtig, ich mag aber so nicht werden«

Margarethe lachte, ließ die Kleine und trat ans Fenster, wo Kätigen mit ihrer Arbeit saß. Es war ein schöner Sommerabend, und die langen Schatten der Gebäude, welche den Hof und Garten umgaben, die Hennels Wohnung von Gutenbergs Werkstätte schieden, hatten diese von des Tages Hitze befreit, und eine angenehme Frische drang zu dem offenen Fenster herein. Margarethe spähte hinüber nach dem kleinen Hause, in dem Gutenberg wohnte. Schon öfter hatte sie Kätigen so hingeworfen um dem

Junkherr Gutenberg und sein Treiben befragt, doch stets nur unbefriedigende Antwort erhalten; ihn selbst hatte sie noch nicht gesehen. Heute jedoch sollte ihr sein Anblick werden.

Er trat mit der beginnenden Dämmerung aus seinem Hause und ging in den Garten. Seine hohe Gestalt, obgleich noch fest und gerade, verriet doch die Mühen seines Lebens. Es lag dies hauptsächlich in der wechselnden Haltung seines Kopfes, der sich häufig nach vorn neigte, und wenn auch wieder sich emporrichtend, doch wie unwillkürlich immer wieder in diese Stellung verfiel Margarethe bemerkte dies sogleich und von dem Gedanken erfasst, ob wohl der Druck seiner Verhältnisse sein Haupt niederbeuge, oder tiefes Nachdenken, oder beides zugleich, fragte sie, ihre Hand vertraulich auf Kätigens Schulter legend:

»Mache mir's doch einmal klar, was der Junkherr Gutenberg eigentlich treibt und von seinen langjährigen Wanderschaften mit heim gebracht hat?«

»Ich kann dir das nicht recht verdolmetschen«, erwiderte Hennels Weib, flüchtig von ihrer Arbeit aussehend. »Ich verstehe wenig davon, und dann auch hat mein Eheherr nicht gern, dass ich mich um unsere Hausgenossen bekümmere, und dazu gehört unser Vetter Gutenberg.«

Margarethe biss auf ihre schwellenden Lippen und wollte vom Fenster zurücktreten, da sah sie, wie Gertrud in den Garten sprang und an Gutenberg auf und ihn umhalste und liebkoste.

»Dein kleines Töchterlein scheint viel Liebe für den Vetter zu haben?«, bemerkte sie und Kätigens Auge folgte dem ihren.

»Ja«, bestätigte die Mutter mit einigem Stolze. »Er hält aber auch große Stücke auf das Kind, weil es sanft und klug und so wissbegierig ist. Sie weiß auch, wie ich glaube, mehr als wir alle von seinem Tun und Treiben und von dem was er draußen erlebt.«

»So – das Kind ist also seine Vertraute?«, sagte Margarethe, und die Zeit fiel ihr ein, wo sie in kindlicher Neigung an ihm hing und jeden seiner Gedanken kannte; doch auch die Zeit tauchte vor ihr auf, wo das kindliche Gefühl in heiße Liebe überging und durch seine Kälte zu unseliger Leidenschaft sich entflammte. Unüberlegt sagte sie zu Kätigen: »Gertrud ist zwölf Jahre alt – bald kein Kind mehr – und Junkherr Gutenberg – oh, traue ihm nicht zu viel, Kätigen«

»Wie? – Was? –«, fragte diese, nicht begreifend, was Margarethe meine, und diese, welche unterdessen den gealterten Mann schärfer betrachtet hatte, schämte sich ihrer Äußerung, gab ihr schnell eine andere Deutung und sagte, dass ein so viel wissender Mann, wie Gutenberg leicht ein Mädchen von Gertruds Alter und Wissbegierde zu allzu gelehrtem Streben ermuntern könnte.

Kätigen meinte dagegen, sie brauche sich deshalb nicht zu beunruhigen, Gertrud besitze den häuslichsten Sinn von allen ihren Kindern, und sie sorge schon dafür, dass ihren Töchtern keine zu hohen Gedanken kämen, dafür schütze der Herd und der Spinnrocken, die Nadel und dergleichen häusliche Beschäftigungen mehr, die sie den ganzen Tag handhaben müssten, wie sie selbst von immerher getan.

»Die Zeiten sind anders geworden, seit wir jung waren, Kätigen. Es kommt gar viel Neues jetzt auf«, entgegnete Margarethe.

»Ja meinem Haushalte aber nicht«, eiferte Kätigen. »Da nicht – da bleibt's, wie es immer war. Anderwärts mögen sie's halten, wie sie wollen.«

»Wo hat denn Gutenberg sein Weib gelassen?«, fragte Margarethe nach einer Weile, in der sie beide geschwiegen. »Es heißt doch, er sei in Straßburg verheiratet gewesen.«

»Soviel ich weiß, ist diese unglückliche Ehe für immer getrennt«, erwiderte Kätigen. »Er hat sich, wie Hennel mir sagte, mit seinem Weibe abgefunden, und diese dürfe keine ferneren Ansprüche an ihn machen.«

»So ist ihm häusliches Glück für immer vergällt«, sprach Margarethe erregt, doch mehr zu sich selbst, als zu Kätigen.

»Ach ja, der arme Mann hat eine schlimme Wahl getroffen, und muss es schwer büßen,« seufzte die gutmütige Frau, setzte aber schnell hinzu: »Es wird ihm in anderer Weise einkommen, denn wahrlich er verdient es, dass Gottes Segen auf seinen Arbeiten ruhe, und sieh, Margarethe, mir kommt es vor, als ob er auch darin nur sein alleiniges Glück finden könnte.«

»Also in seinen Arbeiten liegt sein Glück«, sprach Margarethe. »Er soll es auch darin nicht finden«, klang es in ihrem Inneren nach. »Nein, kein Glück – keins sei mit ihm, der es in meinem Herzen nicht fand und zu stolz war, seine Hand in die meinige zu legen.« – Schnell sagte sie Kätigen gute Nacht und entfernte sich. Es war inzwischen ziemlich dunkel geworden, besonders in dem eng umschlossenen Hofe, den teilweise eine große Linde überschattete; der Garten lag noch etwas heller da, weil er einen größeren Raum einnahm, und nur niederes Buschwerk ihn an einigen Stellen begrenzte.

Ein solches, aus Holunder und Haselstauden gemischt, zog sich fast bis an die Türe hin, aus der Margarethe eben trat, und schied hier im Vereine mit der großen Linde den Garten von dem Hofe. Von diesem Gebüsche verdeckt stand nach dem Garten zu eine Bank, und hier saß Gutenberg mit seiner kleinen Freundin. Sie war heute außergewöhnlich lebhaft, und hatte ihn unendlich viel zu fragen.

Margarethe vernahm des Kindes Stimme und auch die seine, und unwiderstehlich davon angezogen, drängte sie sich zwischen den Stamme der Linde und das Buschwerk, und so geschützt vor jedem Auge lauschte sie dem Gespräche der beiden.

»Du hast mir nun schon so vieles erklärt und erzählt«, hörte sie Gertrud sagen, »und bist heute ganz besonders lieb und geduldig mit mir, drum will ich dich heute noch um etwas bitten, was ich schon längst gerne getan hätte.«

»Sprich, liebes Kind«, erwiderte er freundlich.

»Du sollst mir auch einmal erzählen, wie es dir draußen in der Welt ergangen ist?«, sagte die Kleine etwas erregt. »Sie meinen alle, es sei dir schlecht ergangen, und das macht mir oft schweres Weh, drum möcht ich's am liebsten von dir selbst hören. Ist's denn in der Welt draußen gar so schlimm? Ich kann's nicht recht glauben.«

»Was soll dir mein Wissen von der Welt?«, erwiderte er, seinen Arm um das Kind schlingend, als wolle er es gegen ihre Erfahrungen schützen. »Bist du doch so glücklich im Elternhause. Und ist es denn nicht schön hier zwischen diesen Mauern, in deiner kleinen Welt, kleine Gertrud, bei deinen Blumen und deinen Spielen? Begnüge dich damit und wolle vorerst noch nichts von der Welt wissen.«

»Ich möcht's aber doch, eigentlich aber nur um deinetwillen – weil sie sagen, es sei dir schlimm ergangen in der großen schönen Welt – denn groß und schön muss sie doch sein, ich kann mir's anders nicht denken, glaube aber ja nicht, dass ich hinaus möchte aus diesem lieben Haus – o nein, nein, ich würde mich nur fürchten draußen, und hier ist's ja so schön im Haus und Garten, besonders seit du da bist. Mir ist's ordentlich, als sei der Hof zum Jungen durch dich anders geworden, als er zuvor gewesen, und – es ist auch so, denn dein Häuschen dort stand ja ganz leer, und jetzt wohnst du darin, und soll ich dir sagen; wie mir das eigentlich vorkommt?«

»Sprich zu! Wie denn, wunderliches Kind?«

»Nun grade, als ob mit dir der Schutzheilige dieses Hauses eingezogen wäre, und du etwas Ähnliches wärest, wie der heilige Martinus, welcher der Schutzpatron unsrer Stadt ist.«

»Ei, du gottloses Kind! Wie magst du mich einem Heiligen gleich stellen – und gar dem Schutzpatrone unserer Stadt? Das ist sündhaft, Gertrud«, mahnte Gutenberg mit angenommener Strenge.

Gertrud bemerkte dies und fuhr beharrlich fort:

»Warum sündhaft? – der heilige Martin hat sein Kleid und sein Brot mit den Armen geteilt – das tätest du auch, Vetter Gutenberg, wenn du nichts anderes einem Hilfsbedürftigen reichen könntest, auch ich gäbe gleich meine weiße Schürze hin, um ein nacktes Kindlein hineinzuwickeln, und meinen Rock noch dazu, ja, ja, das versteht sich eigentlich von selbst. Du aber tust noch ganz andres; – o ich weiß es, denn wenn der Vater von dir spricht, entgeht mir kein Wort. – Du gibst alles, alles hin, sagte er, dein ganzes Leben für eine Sache hin, die er freilich nicht recht begreift – und wir alle nicht, die aber groß und heilig sein muss, weil du ihr nachhängst. Ach«, setzte sie leise hinzu, dass Margarethe es kaum verstand, »wenn du mich einmal nur so ein klein wenig hineinblicken ließest!«

»Warum kommst du niemals in meine Werkstätte, wenn dich so sehr danach verlangt?«

»Ich scheue mich einzutreten; du hast nicht gern, wenn man dich stört, lässest ja niemand ein als Lorenz und zuweilen meinen Vater. Wie sollte ich's da wagen? Nur wenn du mich mitnimmst, gehe ich in deine Arbeitskammer.«

»So komme gleich mit mir; ich will noch einiges heute Abend ordnen; –da kannst du mir helfen. Komm Gertrud! Dein helles klares Kinderauge darf überall eindringen. Komm, mein Kind. Warum sprachst du nicht schon lange dein Verlangen aus?«

»Ach, du nimmst mich wirklich mit, und gleich jetzt?«, rief sie hochaufatmend, und er nahm ihre Hand und führte sie über den Hof in seine Wohnung.

Margarethens Auge folgte ihnen, soweit es die eingetretene Dunkelheit gestattete. Nach kurzer Frist sah sie, ihr gerade gegenüber im Erdgeschosse Licht, und als sie niemanden im Hofe bemerkte, ging sie rasch, doch vorsichtig darauf zu. Die kleinen Fenster lagen jedoch zu hoch, als dass sie durch dieselben hätte spähen können; aber die Türe des Hauses war nur angelehnt, sie drückte sie leise auf, und gewahrte einen schmalen Gang an dessen einer Seite eine Türe weit offen stand, welche in den erhellten Raum führte. Nach kurzem Zaudern trat sie ein, und an der Wand hinschleichend erreichte sie eine Stelle, wo ihr Auge Gutenbergs Werkstätte ziemlich genau übersehen konnte. Wie sonderbar sah es hier aus – wie fremdartig kamen ihr alle die Gegenstände vor, die umherlagen und standen, – nur einige waren ihr deutlich, es waren dies einzelne kleine Bücher und mit Chiffren und Bildern bedruckte Blätter. Sie lagen auf einem Tische, und Gertrud stand davor und betrachtete sie mit heiligem Staunen, während Gutenberg ihr erklärte, wie sie gemacht würden und ihr einige Holz- und Metalltafeln mit eingeschnittenen Bildern und Textesworten zeigte; dann nahm er den Deckel von einem Kasten, und ließ sie hinein blicken.

»Ach, wie viele kleine Klötzchen!«, rief das Kind. »Zu was brauchst du dieses Spielzeug?«

»Das sind Buchstaben«, sagte er. »Ich schneide sie aus, und wenn ich einst genug haben werde, die gelungen sind, will ich ein Buch damit drucken, ein großes Buch. Du süßes, liebes Kind, du einzige Freude meiner jetzigen Tage, darfst es wissen, du allein mit deinem lieben, treuen Kinderauge diese mühsame und doch so teure Arbeit schauen.«

»Ich will dir dabei helfen!«, fiel sie eifrig ein. »Lehre es mich, dann komme ich jede freie Stunde herüber und schneide dir Buchstaben aus, damit du bald recht viele hast. Doch das ist gewiss recht schwer? Werde ich's auch wohl erlernen können?« –

»Ich glaube nicht, doch zusehen sollst du mir, und ich werde dir manches dabei erzählen«, sprach er liebreich. Der Gedanke erfreute ihn, Gertruds reinem, kindlichem Sinne seine große Idee nach und nach zu erschließen, und er fuhr fort, ihr dieses und jenes zu erklären, und das Große wie auch das Schwierige des Bücherdruckes ihr zu verdeutlichen. –

»Es wird bald werden, wie du es vorhast«, rief Gertrud mit kindlichem Vertrauen. »Denn was du willst, vollbringst du auch; so steht's ja deutlich in deinem Angesichte.«

»In meinem Willen, Kind, steht es so. Aber dieser reicht nicht hin, meine Hoffnung nicht aus, es allein zu vollbringen. Und doch wo fände ich die rechte Hilfe? – Besser wär's, meine Hand allein könnte ausführen, was mein Geist ersonnen und ein vollendet Werk erst meine Erfindung offenbaren. Dann, mein Kind, würde ich reich, überreich entschädigt sein für alles Schlimme, was mir je widerfahren. Ja, dann wäre ich der glücklichste Mensch!«

Er stützte sich an seine Presse, den Kopf in seine Hand und blickte mit besorgter Liebe umher, wie ein Vater auf seine Kinder, die er nur mit innerem Widerstreben in die Fremde ziehen sieht, nur weil er es nicht ändern kann, weil eben zu ihrem Gedeihen seine Kraft allein nicht mehr ausreichen will.

Margarethens Herz pochte gewaltig – und obgleich die Größe von Gutenbergs Erfindung ihr durch sein Gespräch mit Gertrud nicht klar werden konnte, so begriff sie doch dadurch, wie großen Wert er darauf legte, wie viel für sein Glück davon abhänge, und sie murmelte:

»Darin also sucht er sein Glück: als ehrgeiziger Erfinder, als alleiniger Erfinder einer großen Kunst will er der Welt imponieren, und diese Kunst wird ihm, wenn er sie vollbringt, sie allein vollbringt, alles ersetzen, was er dafür hingegeben, wird ihn zum glücklichsten Sterblichen machen, – doch es scheint ihm schwer, fast unmöglich zu sein, es allein zu vollbringen, – und er soll es auch nicht. Soll nicht glücklich werden, da ich es nicht geworden. – Ah, endlich, endlich zeigt sich ein Weg, meine Schmach zu sühnen. – Ich sende ihm Hilfe – ich – und diese Hilfe – soll ihm das geträumte Glück zerstören.«

Damit wandte sie sich dem Ausgange zu und hatte nach wenigen Minuten ihr Haus erreicht. Nachdem sie sich dort eine Weile in ihrer Stube eingeschlossen hatte, ließ sie ihren Mann zu sich rufen, und sie verließen beide erst nach Mitternacht das Gemach wieder, um sich zur Ruhe zu legen.

Einige Tage später suchte Johann Fust, ein jüngerer Bruder des Goldschmieds, Hennel auf und zu seinem großen Erstaunen teilte er ihm seine Wissenschaft von Gutenbergs Arbeiten und Plänen deutlicher mit, als er dieselben bis jetzt erkannt hatte, erbot sich jedoch zu gleicher Zeit, mit Geld Gutenberg zu unterstützen, wenn dieser mit ihm gemeinschaftliche Sache machen wolle.

Hennel, der in Besorgnis um seinen Vetter war, dessen Schaffen nach Jahren noch immer nicht zu etwas Ersprießlichem kommen wollte und dessen Mittel längst erschöpft waren, ja der bereits Schulden auf seine Garantie hin gemacht hatte, kam des reichen Fusts Antrag sehr willkommen und neue Geldverlegenheiten Gutenbergs benützend, teilte er ihm das Interesse mit, das Johann Fust an seinen Arbeiten nehme, wie auch, dass dieser bereits viele Kenntnis davon habe und es darum am klügsten wäre, durch eine Vereinigung mit ihm sich die nötigen Mittel und sein Schweigen zu sichern. Wie Fust zu dieser Kenntnis gekommen, blieb beiden ein Rätsel; allein es war einmal so, und Gutenberg kam zu der Einsicht, dass er ohne weitere Mittel und ganz entschiedene Hilfeleistung zuletzt noch der Neugierde und dem Verrat erliegen könne, besonders da sein Werk durch ihn allein allzu langsam und mühsam voranschritt. Nach einigem Kampfe willigte er in Hennels Vorschlag einer Unterredung mit Fust ein; doch dieser war ein zu vorsichtiger und kluger Mann, als dass er eine Übereinkunft über eine Sache abgeschlossen hätte, ohne diese genau zu prüfen. Als ein der Rechtsgelehrsamkeit Beflissener besaß er wenig Kenntnis von mechanischen Künsten; was er Weises darüber Hennel vorgeschwatzt, hatte ihm sein Bruder, der Goldschmied, mitgeteilt, der, nach dem was er von seinem Weibe über Gutenbergs Arbeiten vernommen, das regste Interesse dafür empfand und schnell die Vorteile einer Kunst erkannte, welche die mühsame Bücherschreiberei ersetzen sollte. Er selbst jedoch, durch sein Amt und seine Geschäfte zu sehr in Anspruch genommen, wollte sich nicht direkt daran beteiligen und munterte seinen Bruder Johann dazu auf, der, wie er wusste, zu allem bereit war, was ihm pekuniären Gewinn versprach.

Johann jedoch war, wie schon gesagt, ein sehr vorsichtiger Mann und Jakob musste ihn zu der Unterredung mit Gutenberg begleiten. Dieser als Sachverständiger sollte erst prüfen, wie weit es Gutenberg schon in seiner Kunst gebracht und ob man auch sichere Aussicht habe, das was man einsetze, einst zehnfach wieder zu erhalten.

Jakob, in dessen Seele noch der einstige Groll gegen Gutenberg nachhallte, hätte wohl jede Berührung mit ihm vermieden, wenn nicht darin für ihn ein gewisser Triumph gelegen hätte. Wie die zünftigen Bürger in allem die Adeligen überflügelt hatten, konnte auch er, jetzt noch privatim, den Junkherr den er von allen am meisten hasste, sein Übergewicht empfinden lassen, das Übergewicht des Reichtums und auch vielleicht das seiner technischen Kenntnisse, denn bei der damals so berühmten Mainzer Goldschmiedekunst nahmen die Arbeiten seiner Werkstätte die erste Stelle ein und wurden weit und breit, selbst nach England und Frankreich verkauft. Dass Margarethe, die ihm, was sie von Gutenberg erlauscht, mitgeteilt hatte, einen geheimen Plan gegen den Mann, der einst ihr Herz, und ihre Hand verschmäht, im Busen trug, entging seinem scharfen Blicke nicht, obgleich sie ihm ganz ruhig die Sache vertrug und hauptsächlich nur den möglichen pekuniären Vorteil hervorhob, den er sich oder seinem Bruder sichern solle, ehe ein anderer ihn ergreife. Was sie besonders noch dabei beabsichtige, ahnte er, suchte es jedoch nicht zu erforschen. Er wusste aus Erfahrung, dass dasjenige, was sie nicht sagen wollte, ihr schwer zu entlocken war, und zudem war er zu klug, sich um Margarethens Pläne des Hasses oder irgend einer anderen Leidenschaft zu bekümmern, so lange diese ihm nicht störend in den Weg traten. Dabei hatte er die Überzeugung, dass sein Weib nie weiter gehen werde, als sich mit seinem Ansehen vertrug.

In Hennels Wohnung kam Gutenberg mit den beiden Fust zusammen, und so deutlich er es auch einsah, dass seine Erfindung nur mit größeren Mitteln zur Vollendung gelangen könne, war es doch eine der schwersten Stunden seines Lebens, als er nach manchem Hin- und Herreden die Brüder hinüber in seine Werkstätte führte, um ihnen zu zeigen, wie weit er bis jetzt allein gekommen, damit sie daraus den Schluss ziehen könnten, welche Zukunft seine Erfindung verspreche.

Johann, von dem pekuniären Vorteil der Sache eingenommen, dachte nur daran, wie man schnell Gewinn erzielen könne, und meinte, der Tafeldruck genüge einstweilen dafür; doch Jakob, dessen schärfer prüfender Verstand wie seine Kenntnis mechanischer Fertigkeiten das obwohl Weiteraussehende, doch viel Wichtigere des Drucks mit beweglichen Lettern schnell erfasste, war anderer Ansicht und meinte, vor allem erst müsse eine bessere Werkstätte eingerichtet und das ganze Druckwerkzeug in besseren und vollkommeneren Zustand gebracht werden. Gutenberg solle dies mit Hilfe anderer bewerkstelligen, so weit es möglich, ohne das Geheimnis preiszugeben; – sein Bruder Johann dagegen die nötigen Gelder vorschießen und ein Vertrag deshalb zwischen ihnen abgeschlossen werden.

Jakobs Vorschlag war gut und weise und stimmte ganz mit Gutenbergs Wunsch überein, seine Erfindung zur dessen Vollkommenheit zu bringen. Noch an demselben Tage kam ein Geschäftsvertrag zwischen ihm und Johann Fust zu Stande. Er wurde bei Hennel aufgesetzt, – ein sogenannter Zettel abgefasst, der nach der Sitte der damaligen Zeit den doppelt geschriebenen Kontrakt enthielt, der bogenförmig oder in spitzen Zacken voneinander geschnitten und jedem der Beteiligten ein Stück zugestellt wurde, welches beim Gebrauch zum anderen genau passen musste, um so jeden etwaigen Betrug zu erschweren. Auf einen solchen Zettel wurden denn die Bedingungen der Vereinigung zwischen Johann Gensfleisch zum Gutenberg und Johann Fust niedergeschrieben.

Sie lauteten:

1. »Fust solle an Gutenberg 800 Gulden vorschießen, und zwar zu 6 Prozent Zinsen«

2. »Mit diesem Gelde solle Gutenberg sein Werkzeug anschaffen.«

3. »Dieses Werkzeug solle dem Fust als Unterpfand für die vorgeschossenen 800 Gulden dienen.«

4. »Fust solle dem Gutenberg jährlich 300 Gulden für Kosten geben und auch Gesindelohn, Hauszins, Pergament, Tinte, Papier etc. ›vorlegen‹, das heißt vorschießen«

5. »Blieben sie alsdann forthin nicht einig, solle Gutenberg dem Fust die 800 Gulden wiedergeben, und das
Werkzeug alsdann wieder hypothekfrei sein.«

6. »Alles Geld, welches nicht für Werkzeug, zu dessen
Anschaffung jene 800 Gulden ausdrücklich und aus-
schließlich bestimmt waren, sondern unmittelbar zur
Anfertigung von Büchern, nämlich für Setzer- und
Druckerlohn, für Pergament, Papier und Schwärze
werde ausgegeben werden, solle als auf das gemein-
schaftliche Unternehmen und zu dem beiderseitigen
Nutzen verwendet, anzusehen sein«

Bald nachher mieteten Fust und Gutenberg den Hof zum
Jungen von Hennel, der ihn gern abtrat, da er dadurch einem
Lieblingswunsche seines Weibes nachkommen konnte, die
ein Haus neben ihrem Elternhause käuflich an sich bringen
wollte, um es später mit diesem ihrem Erbe zu vereinen.

So entschied sich Gutenbergs Angelegenheit zur Zufriedenheit aller die dabei beteiligt waren, ausgenommen der
kleinen Gertrud, welcher der Abschied aus dem Hofe zum
Jungen die ersten herben Schmerzenstränen erpresste. Es
war ihr, sie ziehe nun hinaus in die Welt, in der es ihrem
lieben Vetter einst so schlimm ergangen, und was ihre
junge Seele auch mitunter von der Welt Schönes geträumt,
verschwamm ihr jetzt alles in den Tränen, die sie beim
Abschiede von Gutenberg weinte.

»Kannst ja oft zu mir kommen!«, suchte er das Kind
zu trösten. »Dann sitzen wir in den Feierstunden im Garten zusammen wie seither, – und«, setzte er leiser hinzu,
»wenn du brav bist, darfst du auch in die Werkstätte kommen, die jetzt viel größer und schöner werden wird.«

»Aber du bist nicht mehr mit Lorenz allein darin.
Fremde Dienstleute und Gesellen werden aus- und einge-
hen und du wohl so viel zu tun haben, dass du die kleine
Base ganz darüber vergisst.«

»Drum, dass es nicht geschehe«, fiel er scherzend ein, »komme recht oft und mahne mich an dich!«

Von der Einrichtung seiner Druckerei im Hofe zum Jungen verlautete jetzt viel in der Stadt, doch nur das eine Gewisse, dass der reiche Johann Fust sich mit dem verarmten Patrizier verbunden habe und sein Geld gegen dessen Kenntnisse einsetze. Der Hof zum Jungen wurde von da an das Druckhaus genannt. Fust fand es rätlich und angemessen, auch mit seiner Familie da zu wohnen, und benützte Hennels Wohnung dafür. Für Gutenberg war dies jedoch kein Gewinn. Die Häuslichkeit des reichen Bürgers bot ihm keine Entschädigung für die Verwandten, die ihm so viel Teilnahme und Anhänglichkeit gezeigt hatten. Fusts Weib, obgleich ebenso arbeitsam und ordnungsvoll wie Kätigen, fehlte der milde Sinn und die Gutmütigkeit jener. Dies und ihrer jungen Tochter unfreundliches Wesen waren ein zu großer Gegensatz zu Gertruds Lieblichkeit und Kätigens Milde, als dass es Gutenberg nicht unangenehm berührt hätte.

Christine, Fusts einzige Tochter, obgleich nur wenige Jahre älter als Gertrud, hatte bereits den Reiz der Kindlichkeit abgelegt, oder ihn nie besessen, und obgleich von ziemlich hübschem Äußeren, hatte sie weiter nichts Ansprechendes, als eben das, was mit sechzehn Jahren unabänderlich verbunden ist. Sie war ein verwöhntes Kind, voll Eigenwillen, in dem sich wenig Gutmütigkeit aussprach, dabei wusste sie, dass sie eines der reichsten Mädchen der Stadt war: – und Reichtum für das höchste Lebensglück zu halten, hatten ihr frühzeitig die Grundsätze ihres Vaters, wie ein entschiedener Hang zum Geiz von Seiten ihrer Mutter beigebracht.

Gutenberg konnte sich demnach in Fusts häuslichem Leben in keiner Weise angesprochen fühlen und betrat nur selten einen Familienkreis, der ihm so wenig zusagte.

Besonders vermied er es, Fust in seiner Wohnung aufzusuchen, wenn Margarethe anwesend war, deren prunkende
Hülle und stolzer Blick, so oft er sie sah, ihm wehtaten. In
seinem treuen Gemüte blieb eine warme Anhänglichkeit
für seine Jugendgespielin haften, und wenn er der Stunde
gedachte, wo er sie so tief kränken musste, war seine Teilnahme stets eine erhöhte, und er würde sich ohne Zweifel
ihr wieder genähert haben, wenn nicht ihr hochfahrendes
Wesen ihn zurückgeschreckt und so schmerzlich berührt
hätte. So vermied er sie, obgleich ihr nächster Verwandter
sein Verbündeter war, und sie häufig in den Hof zum Jungen kam. Ein Gefühl der Einsamkeit, das er in St. Arkobast
oft empfunden, wollte nach der Entfernung seiner Verwandten ihn in den weiten Räumen des großen Gebäu-
des überkommen, freilich nur in den Ruhestunden, und
deren gab es jetzt wenige; denn obgleich er manches von
Handwerkern in der Stadt machen ließ, blieben doch die
Hauptsachen seiner Hände Werk. Fust zeigte sich zwar
auch sehr bereitwillig zur Hilfe, aber Gutenberg musste ihn
erst lehren, wie dies und jenes anzufertigen sei, dann fehlte
ihm die Geschicklichkeit der Hände dazu, die nur durch
Übung erlangt wird. Am schwierigsten blieb ihnen beiden
das Schnitzeln der einzelnen Buchstaben, und wie sie es
auch versuchten, in Holz oder Metall, sie genügten nur zu
kleinen Drucksachen, zu einem größeren Werke waren sie
immer noch zu plump, zu ungleichmäßig und zu unhaltbar.

Fust bestand deshalb auf Anfertigung von kleinen
Büchern durch Tafeldruck, der für diese und einzelne Blät-
ter sich noch immer tauglicher erwies, als die beweglichen
Lettern; und doch waren sie es allein, die den Druck grö-
ßerer Werke ermöglichen konnten. Das sah Fust ebenso
gut wie Gutenberg ein, und es wurden immer wieder neue
Versuche damit gemacht, wie auch mit Verbesserung der
Druckerschwärze, die keine rechte Dauerhaftigkeit und

keinen Glanz erhalten wollte. Die Größe und Ergiebigkeit des Unternehmens hing jetzt hauptsächlich davon ab, die einzelnen Buchstaben so zustande zu bringen, dass sie eine gleichmäßige Schrift lieferten und dem Druck der Presse widerstanden. Endlich zu der Überzeugung gelangt, dass die geschnitzten Lettern auch bei der sorgfältigsten Arbeit zum Drucke eines größeren Buches nie genügen würden, sann Gutenberg über eine andere Methode, sie in besserer und leichterer Weise zu schaffen, Tag und Nacht nach, und war auch nicht zu stolz, bei dem geschickten Goldschmied sich deshalb Rat einzuholen. So kam er öfter wieder in Meister Helferichs ehemalige Werkstätte, die seitdem größer und schöner geworden war, und stundenlang wie einst als Knabe folgte er auch jetzt mit prüfenden Blicken den Arbeiten des Meisters und seiner Gesellen.

Jakob machte ihn zuvorkommend auf allerlei kleine Vorteile bei dieser und jener Arbeit aufmerksam, und wie Gutenberg ihm eines Tages zusah bei dem Guss von Modellen, dann das Einschlagen der Metallstempel bei der Ziselierung von einem kunstreichen Goldgefäße beobachtete, erwachte der ihm schon nahe liegende Gedanke des Gießens der Schriftzeichen zum vollen Bewusstsein seiner Ausführbarkeit und in seiner ganzen Bedeutung für den Druck.

Die Goldschmiedekunst, wie sie damals in ihren vielseitigen Zweigen in ein und derselben Werkstätte betrieben wurde, ward somit die Wiege, in der die Schriftgießerei zum Leben erwachte, und mit ihr war ein unermesslich großer Schritt vorwärts getan zur Vollendung einer Erfindung, die in ihren Folgen als unerreichbar groß in der Geschichte aller Erfindungen ewig dastehen wird. Gutenberg, von dem Gedanken geleitet, durch Eingießen von Metallen in Buchstabenformen die Lettern gleichmäßig und mit leichter Mühe hundertfach vervielfältigt zu erhalten, wandte jetzt seine ganze Kraft darauf. Er goss erst Formen über geschnittene Buchstaben – in diese wiederum Blei oder Zinn ein und brachte so eine Anzahl tauglicher Lettern zu Stande. Aber auch diese für den Druck so vielversprechende Sache unterlag ungeheuren Schwierigkeiten. Die Mutterformen, welche Gutenberg Matrizen nannte, schmolzen häufig unter dem glühenden Gusse, dann wurden nur die ersten gegossenen Buchstaben gut, während die folgenden stumpf und roh ausfielen und die feinen Striche und Kanten nicht wiedergaben. Auch genügten Blei und Zinn, als zu weiches Metall, nicht, eine taugliche Mischung musste erst gefunden werden für die Formen, sowohl, als die zu gießenden Lettern; und wie schwierig war dies in einer Zeit, wo alle Wissenschaften erst mühsam nach dem Erwachen rangen, und der leichte Ideenaustausch, welcher durch die Erfindung der Buchdruckerkunst möglich geworden ist, noch gänzlich fehlte. Die vielen Versuche, welche gemacht werden mussten, bis nur einigermaßen Genügendes gelang, erforderten nicht nur Zeit, sondern auch Geld. Die von Fust vorgeschossenen achthundert Gulden waren längst verausgabt, ebenso ein Kapital, was Gutenberg mit Hennels Hilfe aufgenommen hatte.

Fust sollte noch einmal achthundert Gulden geben, und er tat es auch nach einigem Überlegen und nach einer Unterredung deshalb mit seinem Bruder und Margarethe, welche beide es weislich fanden, dass er das Angefangene mit allem Ernste verfolgen, übrigens doch nicht allzu viel eigenes Geld riskieren, sondern lieber solches aufnehmen solle.

Johann Fust fand diesen Rat gut für mögliche Fälle in der Zukunft, umso mehr, als er damit die Wucherzinsen von sechs Prozent, welche ihm Gutenberg bezahlen sollte, rechtfertigen konnte – und nahm das Geld bei einem Juden auf, ohne jedoch dem arglosen Gutenberg etwas davon zu sagen, der im Eifer seiner Arbeiten wenig darüber nachdachte, woher der vermögende Mann das Geld nahm, das er auf sein Verlangen wieder vorschoss.

Da die Typen durch den Guss sich rasch mehrten und viel gleichmäßiger wurden, wenn auch noch immer nicht so schön, wie es zu wünschen war, so dachten Fust und Gutenberg doch jetzt ernstlich an den Druck eines größeren Werkes. Die kleinen Bücher mit geringer Seitenzahl, welche bis jetzt aus ihrer Offizin hervorgegangen, waren hauptsächlich durch den Tafeldruck entstandene, indem die geschnitzten hölzernen Buchstaben zu viele Schwierigkeiten für den Druck boten und deshalb mehr nur versuchsweise von ihnen benutzt wurden. Endlich nun sah sich Gutenberg dem Ziele nahe, und ein mächtiges Werk sollte die Größe seiner Erfindung der Welt verkünden. Die Bibel sollte gedruckt werden. Alles lag vorbereitet – eine große Anzahl gegossener Lettern, Papier, Pergament, Druckerschwärze, auch die Presse ward neu hergerichtet; – der Druck konnte beginnen. Man bedurfte jedoch zu dieser großen Arbeit einiger brauchbarer Gesellen, die man bis jetzt so wenig wie möglich in das Kunstgeheimnis hatte blicken lassen, und Gutenberg wählte die zuverlässigsten dazu aus und nahm ihnen einen feierlichen Eid ab, von der Druckerei nichts zu verraten und sich an ihn gebunden zu halten, bis er sie selbst von ihrem Gelöbnisse frei spreche.

Unter den wenigen, die er zu den geheimen Arbeiten wählte, befand sich auch ein junger Mann aus Bamberg, ein Briefmaler seines Gewerbes, der, herumwandernd, wie es damals häufig geschah, nach Mainz gekommen war, dort von der neuen Kunst gehört und sich alle Mühe gegeben hatte, unter Gutenbergs Arbeiter aufgenommen zu werden. Albert Pfister, so hieß der junge Mann, wusste sich bald Gutenbergs Wohlwollen zu erwerben. Er zeigte mehr Eifer als seine Genossen, mehr Fleiß und Streben als sie, dabei war er von auffallend hübschem Äußeren und ansprechenden Manieren. Ihm vor allen vertraute Gutenberg, ihm wollte er die besten Arbeiten geben, diejenigen, die am schnellsten zum vollständigen Verständnis der Druckkunst führten. Als er ihm den Schwur der Treue und Verschwiegenheit abnahm und Albert, das Verlangte beschwörend vor ihm kniete, legte sich Gutenbergs Hand mit liebendem Drucke auf sein braungelocktes Haupt, und mit ernstem Wohlwollen sprach er zu ihm nieder:

»Ich vertraue dir ganz, Albert! Dir vor allen anderen.«

In diesem Augenblicke öffnete sich die Türe, und ein rundes, rosiges Gesichtchen mit strahlenden blauen Augen lugte halb schüchtern, halb neugierig herein. Wie jedoch das blonde Kind die feierliche Stellung der beiden Männer sah, wurde der fröhliche Ausdruck seines Gesichtes plötzlich ernst und die Hände andächtig zusammengefaltet, sah es, gleichsam Vergebung flehend ob dieser Störung, nach ihnen hin. Allein Gutenberg, seinen Liebling Gertrud erkennend, rief, freundlich zu ihr hingewandt:

»Komm nur vollends herein, Gertrud. So liebe Engel, wie du, stören nie.«

Albert stand auf und grüßte ehrerbietig das junge Mädchen, das, noch ein halbes Kind, solchen Gruß hoch errötend hinnahm und in dieser rosigen Glut des ersten mädchenhaften Errötens wunderbar schön aussah – so wunderbar hold und lieblich, dass Alberts innerstes Leben dabei erbebte, und ein noch nie gekanntes, wonnevolles Gefühl ihn durchdrang. Oft schon hatte er das freundliche Kind gesehen und sich seines Anblickes erfreut, aber so holdselig, wie Gertrud jetzt vor ihm stand, so namenlos holdselig, hatte er sie noch nie geschaut, und so gab es auch wohl nimmermehr etwas auf der großen, weiten Welt zu schauen. Staunend, heiß und innig hing sich sein Auge an das junge Mädchen, das eine leise Ahnung von dem, was in Alberts Seele vorging, wie der verschwommene Nachklang eines schönen Traumes aus ferner Zeit durchschlich.

»Komme mit mir nach Hause, Vetter Gutenberg«, bat sie, dessen Hand ergreifend, in jenem unnachahmlich zauberischen Tone einer jugendlich frischen Stimme, die plötzlich durch eine innere Erregung sich dämpft und jedes Wort in süße Melodie umwandelt. »Ich bin heute fünfzehn Jahre alt«, fuhr sie fast flüsternd fort. »Mein Wiegenfest wird gefeiert, da musst du dabei sein, sonst kann ich mich nicht recht von Herzen freuen.«

»Ich werde kommen, doch erst später«, erwiderte Gutenberg. »Die Arbeit hält mich noch einige Stunden hier.«

Sie schüttelte ihr Köpfchen und sagte:

»Ich möchte dich aber gerne mitnehmen, sonst kommst du so spät. Ich freute mich so darauf – und dann ist es auch schon Abend. Ich wagte ja gar nicht, dich früher abzurufen.«

»Geht doch mit dem Jungferlein, edler Meister!«, mischte sich Albert ein. »Gebt mir Weisung, was noch zu tun. Ist's auch viel, ich bringe es schon zustande und gewiss zu Eurer Zufriedenheit. Verlasst Euch darauf.«

Gertrud sah den Gesellen dankend an, und ihre Augen hingen sich einige Augenblicke fester aneinander. Beide erröteten – und die Herzen beider schlugen schneller. »Höre den freundlichen Gesellen«, stammelte Gertrud.

»Ja, geht mit ihr, Herr! Tut's ihr zu lieb – es ist ja heute ihr Wiegenfest«, bat Albert noch einmal.

»Mein fünfzehntes Wiegenfest«, ergänzte Gertrud, in mädchenhaftem Stolze ob des erreichten fünfzehnten Jahres ihre Befangenheit bemeisternd.

Gutenberg willigte endlich ein, unterwies Albert noch in einigen Dingen und verließ dann mit Gertrud die Werkstätte.

70

Albert sah ihnen so befriedigt nach, als gälte es sein eignes Glück, dann ging er an die aufgetragene Arbeit mit allem Willen, sie recht gut zu machen; aber es kostete ihn viele Überwindung, seine Gedanken darauf zu richten, die immer und immer wieder von seinem Herzschlage bewegt zu dem holden Kinde überspringen wollten, das heute fünfzehn Jahre alt geworden und plötzlich so ganz wunderbar lieblich sich entfaltet hatte.

# 4

Ein unfreundlicher Herbstabend brachte frühzeitige Dämmerung in die engen Gassen des güldenen Mainz und verdunkelte seine Häuser bis zu den hohen Giebeln hinauf, die der Nebel immer dichter umhüllte. Nur durch einige Fenster schimmerte freundlicher Lichtstrahl. In den großen Gebäuden, zwischen denen Höfe und Gärten lagen, wurden meistens die inneren Gemächer bewohnt, und für die kleineren Häuser war helle Beleuchtung ein zu großer Luxusgegenstand, um ihm mehr als zur höchsten Notdurft zu frönen. So sah es recht düster in den Straßen und fast ebenso in der Mehrzahl der Häuser aus. Zu denen, welche eine Ausnahme hievon, wie von mancher überkommenen Einfachheit, machten, gehörte auch das Haus des reichen Goldschmieds Fust, das durch den hochfahrenden Sinn seiner Bewohner sich längst über alle anderen Bürgerhäuser erhoben hatte.

Margarethe duldete nicht mehr, wie es bei ihrem Vater geschehen, und bei den meisten Zunftgenossen noch geschah, die Untergebenen des Haushaltes und Geschäftes zu vertraulichem Beisammensein in ihrer Stube. Nur bei den Mahlzeiten saßen sie mit am Tische; sonst war ihnen ein eignes Lokal als Zusammenkunftsort in den Feierstunden angewiesen. Dorthin auch verwies die stolze Bürgersfrau die Mägde mit dem Spinnrocken, an dem sie selbst keinen Gefallen mehr fand, wie überhaupt gemütliches Arbeiten und Zusammensein ihr wenig Vergnügen machte. Herrisch und verwöhnt hatten sich die weicheren

Seiten ihrer Natur bei der ersten unglücklichen Herzens-
täuschung hinter Trotz und Hochmut so verkrochen, dass
sie nur selten mehr zum Vorschein kamen. Sie war darum
auch von keinem ihrer Dienstleute geliebt, obgleich sie
ihnen oft mit vollen Händen spendete. Ebenso wenig
fand sie herzliche Liebe bei ihren Standesgenossen. Man
schmeichelte ihr, bewunderte sie auch und bezeugte ihr
Freundschaftsdienste, doch jene innige Zuneigung, die
allein beglückt, blieb ihr ferne, und von so vielen Menschen sie auch täglich umgeben war, haftete doch das pei-
nigende Gefühl des Alleinseins an ihr, empfand sie es oft
inmitten eines lebhaften Kreises, und da sie sich darüber
keine bestimmte Rechenschaft gab, wurde es in ihrem
Gemüte immer farbloser, und die schlimmen Seiten ihres
Charakters prägten sich in immer schärferen Linien aus.

Doch Margarethe war klug; sie hatte gelernt, die Hef-
tigkeit ihres Wesens zu beherrschen, ihre Umgebung zu
durchschauen, und handelte, mit wenigen Ausnahmen,
überlegt. Was in ihrem Inneren vorging, davon wusste niemand zu erzählen; selbst ihr sonst so scharfsichtiger Mann
ergründete es nicht; und da sie beide darauf hielten, der
Welt und ihrer nächsten Umgebung einen glücklichen
Hausstand zu zeigen, verbrachten sie ihre Tage in ziemlich
ungestörtem Frieden, doch kalt neben einander.

An dem neblichten Herbstabende, von dem wir sprachen, saß Margarethe an einem Tische mit blumiger
Decke, auf dem ein silberner Leuchter mit brennender
Kerze stand. Das weite Gemach war angenehm helle und
für die damalige Zeit und ein Bürgerhaus sehr luxuriös eingerichtet, es hatte selbst einige wertvolle Kunstwerke auf-
zuweisen. Margarethe hielt lässig in ihrer linken Hand eine
Näherei, in die rechte stützte sie ihr noch immer schönes
Haupt; auf dem ein durchsichtiges himmelblaues Tuch
in leichten Falten lag und mit kostbaren goldenen Nadeln

an den üppigen, dunkelblonden Flechten befestigt war. Es schien, als lausche sie auf etwas, denn so oft ein lauter Ton draußen hörbar ward, schlug sie das Auge lebhaft auf, senkte es aber sogleich wieder. Da nahten Tritte der Stube.

Schnell nahm sie die unbeachtete Arbeit auf, als ob sie nur allein damit beschäftigt gewesen. Es klopfte bescheiden an, und auf ihr »Herein« trat ein junger Mann in die Stube von sehr empfehlendem Äußeren und feineren Manieren, als sie in Margarethens Kreisen zu finden waren.

»Ihr ließet lange auf Euch warten, Herr Schöffer«, sagte sie, seine tiefe Verbeugung mit einem leichten Neigen des Kopfes erwidernd.

»Vergebt, liebwerte Frau Fustin«, entschuldigte er, näher tretend. »Euer Eheherr hielt mich unten in der Werkstätte auf.«

»Ach ja. Ihr brachtet meinem Manne Aufträge von Paris mit. Da hatte er Euch wohl noch einiges darüber zu befragen?«

»So ist's.«

»Lasst Euch nieder, Herr Schöffer.«

Sie zeigte auf einen Stuhl, ihr gegenüber und fuhr dann fort:

»Ich habe Euch Gutes zu berichten. Mein Schwager, der wie ich Euch schon gesagt, einen Famulus sucht, ist geneigt, Euch auf meine Fürsprache in sein Haus aufzunehmen. Ihr sollt seinem Töchterlein allerlei Weisheit beibringen, die ihr von Nöten. Da dies jedoch Eure Zeit nicht ausfüllen würde, müsset Ihr auch kleine Arbeiten in der Druckerei übernehmen, der er obliegt.«

»Und die wären?«

»Ich kann Euch das nicht so genau sagen, glaube jedoch, dass es ganz in Eure Wissenschaft einschlägt. Wart Ihr doch Schönschreiber in Paris und Schriftmaler? Nicht so, Herr Schöffer?«

»Allerdings, Frau Fustin, habe ich mich in der großen Stadt mit diesen Künsten fortgebracht. Ursprünglich freilich studierte ich andere Dinge, bis zu der Zeit, wo mein Verlangen, die Welt zu sehen und dem kleinen Städtchen Gernsheim zu entkommen, mein Talent zum Schreiben und Malen mir einen Erwerb in der Fremde versprach. Ich habe mehrere Jahre in Paris verbracht und kehrte nur Familienverhältnisse halber zurück. Doch lange duldete es mich nicht in dem unansehnlichen Heimatsorte da droben am Rheine, und da ich eine Bestellung von Paris für Euren Eheherrn übernommen, machte ich mich auf den Weg hieher, halb auch in der Absicht, mich in dem schönen Mainz um eine passende Stelle umzusehen.«

»Die wäre gefunden im Hause meines Schwagers«, fiel Margarethe rasch ein. »Einen so geschickten und feinen Mann, wie Ihr seid, muss man zu halten suchen. Bleibt und macht Euch meinem Schwager gefällig, – vielleicht findet Ihr Euer Glück in seinem Hause. Nehmt Euch der Druckerei ein wenig an – und – doch das im Vertrauen – sucht den geheimen Geschäften derselben näher zu kommen. Ein junger, aufgeweckter Kopf tut, wie mich deucht, der Sache Not. Sie geht zu schwerfällig von Statten. Doch seid vorsichtig – Fust ist misstrauisch und Gutenberg auch; – allein wenn man Tag und Nacht in einem Hause ist und Frau und Tochter auf seine Seite ziehen kann, wie es sicher bald bei Euch geschieht, meine ich, sollt's nicht allzu schwer halten, bald zu wissen, wo man sich angenehm und nützlich machen kann.«

»Wie soll ich Euch für so gute Ratschläge danken, liebwerte, schöne Frau?«

»Schenkt mir Vertrauen, wie ich Euch, so werden wir beide gut fahren.«

Eine Pause trat ein. Margarethe beschäftigte sich wieder mit ihrer Arbeit, Schöffers Auge blickte forschend über sie hin; und ein schlaues Lächeln verzog seinen Mund. Nach einer Pause nahm er das Gespräch wieder auf:

»Euer Schwager hat nur die eine Tochter? Nicht so?«

»Ja. Nur das eine Kind«, erwiderte sie mit Nachdruck, und ihr funkelnder Blick traf Schöffers kluges Auge.

Beide erröteten, als hätte eines des anderen geheimste Gedanken plötzlich erraten, doch sagte Margarethe ganz ruhig:

»Christine ist ein verzogenes, eigenwilliges Ding, allein sie ist verständiger Einsicht zugänglich, wenn man sie beim rechten Flecke zu fassen weiß – und den wird ein so kluger Mann wie Ihr bald zu finden wissen. So kann Eurem Unterrichte die Ehre nicht fehlen, wie Ihr auch der Zuneigung Eures künftigen Herrn gewiss sein könnt, sobald Ihr ihm Euch als nützlich erweist.«

Schöffer zog jetzt ein beschriebenes Blatt Papier hervor und reichte es Margarethe mit den Worten:

»Ich habe hier meine Bedingungen aufgesetzt, Euer Schwager mag die seinigen hinzufügen. Unterschreiben wir dann beide, bin ich für lange Zeit an Eure Familie gebunden, liebwerte Frau.«

»Möge es so kommen, Herr Schöffer!«, erwiderte sie, das Blatt ergreifend, und einen Blick darauf werfend, rief sie lebhaft aus: »Es wird so kommen! Welch schöne Handschrift! Beim heiligen Martinus, wenn Fust sie erblickt, wird er keinen Augenblick zaudern, Eure Bedingungen zu unterschreiben. Könnte man so drucken, so schön, so gleichmäßig, dann – ja dann wäre es eine göttliche Kunst. – Kommt morgen wieder, Peter Schöffer, dann soll mein Schwager zugegen sein – und, was gilt's, er nimmt Euch sogleich als Famulus mit nach Hause.«

Schöffer küsste dankbar die Hand der schönen Frau, die ihm so viel Gewogenheit zeigte, und dachte dabei an ihre junge Base, das einzige Kind des reichen Johann Fust, das junge Mädchen, das seine Schülerin werden sollte; und ein Zukunftsglücksgebäude stieg vor ihm auf, das ihm nicht allzu schwer erreichbar vorkam.

Am anderen Tage, als Schöffer in Margarethens Beisein mit Fust unterhandelte, zeigte er sich sehr nachgiebig und liebenswürdig, weshalb auch die Sache schnell abgemacht war, und er noch an demselben Tage im Hofe zum Jungen einzog, dort zwar nur ein sehr bescheidenes Stübchen dicht unter dem Dache erhielt, allein mit einer hübschen Aussicht über die einzelnen Gebäulichkeiten des großen Hauses, über Hof und Garten und die hohe Linde hinweg nach der Druckerwerkstätte hinüber.

Die Übereinkunft, die Schöffer zu Fusts Famulus machte, befriedigte die drei daran am meisten Beteiligten vollkommen, obschon in verschiedener Weise. Die Glückshoffnungen, die der junge Schöffer, wie die Jugend überhaupt, vom Leben hegte, fanden dadurch einen reellen Halt, eine bestimmte Richtung. Fust versprach sich von dem geschickten Famulus eine Stütze für die Druckerei, an der er mit dem ganzen Eifer eines gewinnsüchtigen Mannes hing, und Margarethe sah den längst genährten Wunsch erfüllt: einen ihr ganz ergebenen Vertrauten in Gutenbergs Nähe zu haben.

Schöffers ansprechendem Äußeren und seinen geselligen Tugenden gelang es bald, die Neigung von Fusts Frau und Tochter zu gewinnen, ebenso erlangten sein Scharfblick und seine mechanischen Fertigkeiten ihm die besondere Gunst seines Herrn, und so vorsichtig und misstrauisch dieser auch war, gelang es Schöffer doch nach kurzer Zeit, einen tieferen Blick in das geheimnisvolle Schaffen der Bücherwerkstätte zu tun. Da er nun einzelne kleine Mängel bald herausfand und guten Rat dafür wusste, zog ihn Fust immer mehr ins Vertrauen.

Der Druck der Bibel ging gar langsam von statten und bot täglich neue Schwierigkeiten dar, was Fust häufig ungeduldig machte. Jeder Bogen, fast jede Seite kostete mehrere Versuche vor dem Gelingen. Bald genügte Papier und Pergament, bald die Druckerschwärze nicht, und vor allem waren es die beweglichen Lettern, die anhaltend durch neue ersetzt werden mussten. Sie stumpften sich zu schnell ab, – ihre Masse hatte nicht die rechte Festigkeit und die Formen litten unter dem Gusse. Schöffer verbesserte die Schwärze und versuchte es auch mit den Typen, allein diese wollten nach der bisher befolgten Methode der Schriftgießerei nicht besser werden, und mehr Zeit und Geld als Fusts Habgier vertrug, gingen unter den vielen Versuchen des Verbesserns hin.

Noch waren nicht zwölf Bogen gedruckt, und schon viertausend Gulden verausgabt – eine sehr bedeutende Summe in damaliger Zeit.

Fust bestand jetzt darauf, Schöffer in das Geschäftsgeheimnis einzuweihen und ihn zum Mitgenossen anzunehmen, um seine ganze Geschicklichkeit im Interesse der Druckerei auszubeuten. Gutenberg, der Schöffers hellen, praktischen Sinn, wie seine Kenntnisse anerkannte und selbst so sehr bescheiden war, zauderte nicht, in Fusts Vorschlag einzugehen. Der junge Mann wurde somit als Teilnehmer aufgenommen und feierlich in die Geheimnisse der Druckerei eingeweiht, und er beschäftigte sich von da an ausschließend damit. Seinem geübten, an schöne Buchstaben und Formen gewöhnten Auge konnten die rohen und steifen Lettern nicht genügen, allein der Bibeldruck war einmal soweit damit gediehen und musste in gleicher Weise fortgeführt werden, die er jedoch möglichst zu erleichtern suchte. Dass die Mischung der Metalle, überhaupt das ganze Verfahren der Schriftgießerei ein anderes werden müsse, sah er bald ein, doch schwieg er darüber und dachte im Stillen über die Möglichkeit nach. War die Tagesarbeit beendet, saß er in seiner kleinen Stube und machte verschiedene Versuche, denen zuweilen Christine beiwohnte. Das junge Mädchen war bereits mit dem zähen Bande an Schöffer gebunden, das eigenwillige und verzogene Kinder, sobald ein bestimmter Wille und ein kluger Verstand sie von sich abhängig zu machen weiß, als unlösbare Fessel an die Personen kettet, die sie zu beherrschen verstehen. Dabei stand Christine in dem Alter, wo jedes Mädchen der Liebe zugänglich ist, und das unerfahrene Herz wie die erwachten Sinne einer ernstlichen Werbung selten lange widerstehen.

Bei Schöffer, der mit dem Plane, die reiche Tochter Fusts zu gewinnen, in den Hof zum Jungen eingezogen war, kam, wie sehr begreiflich, die Leidenschaft nicht ins Spiel; da ihm jedoch an der Persönlichkeit seiner Erwählten nichts unangenehm war, und die äußeren Verhältnisse ihm so sehr zusagten, gelang es ihm leicht, sie von seiner uneigennützigsten Liebe zu überzeugen; – klug und erfahren behandelte er das junge Mädchen bald mit leidenschaftlicher Zärtlichkeit, bald abstoßend und verzagt. Ihre Liebe steigerte sich dadurch immer mehr, ihr Hochmut und Eigensinn gingen in seinem Willen unter und sein Weib zu werden, ward ihr sehnlichster Wunsch. Was sie allein ungern an ihm vermisste: Reichtum, versprach er ihr mit seinen Kenntnissen zu erwerben, und sie wurde die Vertraute der geheimen Arbeiten, welche ihm ihre Hand verschaffen sollten.

Während er sich in dem Herzen des jungen Mädchens fest einnistete, unterließ er nichts, auch die Gunst der stolzen Goldschmiedsfrau sich zu erhalten, die bei allen Familienangelegenheiten eine gewichtige Stimme hatte und besonders ihrem Schwager zu imponieren verstand. Er teilte ihr dieses und jenes aus der Druckerei mit, und da er bald bemerkte, dass es hauptsächlich Gutenberg war, der ihre Aufmerksamkeit fesselte, erzählte er ihr auch stets teils Wahres, teils Erdichtetes von dem Erfinder der neuen

Kunst. Es entging ihm nicht, dass eine besondere Beziehung zwischen Gutenberg und Margarethe bestehe oder bestanden haben müsse, allein er konnte es nicht enträtseln, ob sie aus Liebe oder Hass gewoben sei, auch war es ihm vor der Hand genug, einen interessanten Gegenstand zu wissen, mit dem er seine Gönnerin unterhalten konnte, wenn er hin und wieder eine Feierstunde bei ihr zubrachte.

Es war ein so düsterer Tag, wie jener gewesen, an dem wir Schöffer zum ersten Male bei Margarethe eintreten sahen, als wir ihn wieder in des Goldschmieds Haus finden. Auch war es Abend wie damals, nur eine frühere Stunde; die Kerzen in Margarethens Gemach brannten noch nicht.

Sie saß am Fenster in dämmeriger Beleuchtung, und Schöffer saß neben ihr, und sie unterhielten sich wie recht vertraute Bekannte halb flüsternd mit einander. Er erzählte ihr von dem Fortgang mit dem Drucke der Bibel, der ein zwar sehr kostbarer, ein sehr langsamer sei, schließlich aber doch ein sehr lohnender werden würde, besonders für den Erfinder, dem Ruhm und Ehre nicht fehlen könnten.

»Habt Ihr denn nicht alle drei gleiche Verdienste?«, wandte Margarethe ein. »Gehört Fust und Euch, Schöffer, nicht auch Ruhm und Ehre, wie ihm? Oder wollt Ihr Euch mit dem Gelde·allein begnügen?«

Schöffer zuckte die Achseln und meinte: der Erfinder bleibe Gutenberg. Daran lasse sich nichts ändern, wie auch die Druckerei eigentlich nur ihm gehöre, sobald er Fust das vorgeschossene Kapital zurückerstatte.

»Aber das wird, das soll er nie können«, murmelte Margarethe.

»Warum sollte er es nicht können, sobald einmal die gedruckten Werke verkauft werden?«, entgegnete Schöffer.

»Weil er sie nie verkaufen soll; oder wolltet Ihr ihm wirklich alles lassen, der doch ohne Euch nie etwas geworden wäre?«

»Was Euer Schwager beabsichtiget – wie kann ich das wissen? Ja, wäre ich bereits, wonach mich sehr verlangt, sein Tochtermann, dann, ja dann – –«

»Nun dann? Sprecht!«

»Dann würde ich in kluger, verständiger Weise den Vorteil meines Schwiegervaters zu wahren suchen.«

»Sprecht offen. Wie meint Ihr das?«, drängte Margarethe. Da jedoch Schöffer schwieg, fuhr sie nach kurzer Pause fort: »Ich täusche mich nicht, Ihr habt schon längst tief in Fusts Seele gelesen und wisst –«, sie stockte und sah in durchdringend an.

»Und weiß«, fuhr er mit schlauem Lächeln fort, »dass er gar gern der alleinige Herr der Druckerei sein möchte. Ja, liebwerte Frau, das weiß ich – und noch einiges mehr, allein dennoch nicht genug, um einzusehen, wie dieser sehr begreifliche Wunsch Eures Schwagers sich erfüllen soll.«

»Gab er nicht Geld?«, fiel sie rasch ein. »Und sind die Druckgerätschaften ihm nicht verpfändet?«

»Ist keine Zeit bestimmt, wie lange der Kontrakt Geltung hat?«, fragte Schöffer dagegen.

»Nein. Und Gutenberg hat weder vom Kapital abgetragen, noch Zinsen bezahlt.«

»Dann ist er in Eures Schwagers Hand, und er kann mit ihm machen, was er für gut findet.«

»So denke ich auch. Doch weshalb zaudert Fust und auch Ihr, Schöffer?«

Dieser zuckte die Achseln und erwiderte: »Noch bin ich nicht Fusts Tochtermann.«

»Soll ich das Wort für Euch reden?«»Es wäre zu früh, liebwerte Frau. Die Zeit wird kommen, wo meine Taten für mich sprechen sollen – und dann auch tut Fust wohl daran, nichts zu übereilen. Noch ist der Bibeldruck seinem Ende nicht nahe. Ist es einmal so weit, wird es sich schon finden, was dann für Euren Schwager gut, – indessen werde ich vielleicht Euer Vetter, schöne Frau, was mich zumeist erfreuen würde.«

Margarethe reichte ihm freundlich die Hand und erwiderte:

»Ich zähle auf Euch, Schöffer; und was wir gesprochen, bleibt unter uns.«

»Und was wir tun, sei eines jeden eigene Sache«, setzte er hinzu und küsste ihr zum Abschiede die Hand.

Als sie allein im Zimmer war, kam es ihr in der dunkeln Stube mit einem Male unheimlich vor. Sie stand auf, um nach Licht zu rufen, blieb aber plötzlich wieder stehen, als ob bewältigende Gedanken sie festhielten. In der Mitte der Stube stieg eine Säule zur Stütze der Decke empor. Sie war bunt bemalt und mit vergoldetem Blätterschmucke umzogen und so ihr störendes Dasein zu einem Schmucke des Zimmers gemacht. An diese Säule legte Margarethe die zusammengepressten Hände und drückte Stirn und Augen darauf. So stand sie regungslos eine geraume Weile, da öffnete sich die Türe; ihr Mann trat herein, ein Licht in der Hand. Sie sah auf und taumelte, wie von der plötzlichen Helle geblendet, vor ihm zurück. Er sah sie erstaunt an und fragte sie verwundert, was ihr fehle?

»Nichts«, gab sie kurz zur Antwort.

»Nichts? Und doch siehst du so verstört aus? Was ist vorgefallen? Sprich!«

»Ich hatte böse Träume, weiter nichts.«

»Du drückst dich in Rätseln aus. Ich mag das nicht. Gib deutliche Antwort auf meine Fragen, dass ich dich verstehe«, entgegnete Jakob herrisch.

»Verstehen willst du mich? Du mich? Jetzt verstehen? Hast du mich denn je verstanden, selbst an dem Tage verstanden, wo du mich zum Altare führtest?«

»Was soll das, Weib?«

»Nichts anderes, als was wir beide längst wissen – dass wir uns nur äußerlich verstehen. Drum frage nicht nach meinen Träumen. Was gehen meine Träume dich an?«

»Wenn sie dich so bannen, wie ich eben gesehen, dann habe ich wohl ein Recht, danach zu fragen, – und du bist mir Antwort schuldig. Denn er – er ist's, der noch immer in deinem Herzen spukt.«

»Er – Gutenberg!«, lachte sie laut auf. »Er in meinem Herzen? – Nun ja denn – wie einst meine Liebe, so gehört ihm jetzt mein Hass. Bist du damit zufrieden?«

Jakob gab keine Antwort darauf. Er ging einige Mal ihr Zimmer auf und ab. Ihre Augen folgten ihm und ein höhnischer Zug verzog ihren schönen Mund.

»Du glaubst mir wohl nicht«, fuhr sie nach einer Weile fort, »und ich bewies es dir doch so deutlich, als ich dich bestimmte, deinen Bruder mit ihm zu verbinden. Glaubst du denn wirklich, ich durchschaue ihn und dich nicht bis auf den tiefsten Grund Eurer Seele – und habe die geheime Schrift des Zettels nicht erkannt, den du und Johann so weise abgefasst – und ahne nicht, was von Anfang an bestimmt gewesen?«

»Was faselst du, Weib? Wer dachte an Schlimmes bei Abfassung des Kontraktes zwischen Gutenberg und Johann?«

»Du, Johann und ich«, gab sie ihm kalt zur Antwort; – dann fuhr sie lebhafter fort: »Als ich dir zuerst von seiner Erfindung sprach, wollte ich ihn deinem Grolle und deines Bruders Habgier übergeben. Du wusstest das auch, Jakob – mein Hass kam dem deinen zu Hilfe, und dein Bruder war der rechte Mann für uns.«

»Ich habe nichts an ihm zu rächen«, widersprach Jakob.

»Aber ich – aber ich habe viel an ihm zu rächen, – und durch dich geschieht es, wenn auch nur mittelbar,« rief sie heftig.

»Ich sage dir aber«, fuhr er mit verbissenem Grimme fort, »dass mit ihm nichts geschieht, nichts geschehen soll, als was nach Recht und Gesetz erlaubt ist.«

»Ja, ja! Allein Recht und Gesetz werden Eurem Willen gefügig sein. Seid Ihr doch mächtig in der Stadt. Mich täuschest du nicht. Zu was auch? Weißt du doch, dass ich schweigen kann. Dein schlauer Bruder versteht das viel weniger. Sein Famulus durchschaut seinen ganzen Plan.«

»Schöffer! Sprach er davon?«, rief Jakob erschrocken.

»Ja. Doch braucht dich sein Scharfblick und seine Mitwisserschaft nicht zu beunruhigen, denn er wird Fusts Tochtermann.«

»Unmöglich. Der arme Schöffer des reichen Fusts Tochtermann!«

»Christine wird sein Weib, verlasse dich darauf. Der arme Schöffer wird mit seinem hellen Kopfe Fust mehr nützen, als wenn er stattdessen Reichtum besäße. Geld bleibt deinem Bruder, auch wenn er sich von Gutenberg trennt, aber der mächtige Verstand, der zur Ausübung seiner Kunst notwendig ist, geht mit ihm fort. Schöffer kann ihm den Erfinder ersetzen. Er allein ist fähig, in seine Fußstapfen zu treten und hat bereits dies angebahnt.«

»Du bist scharfsichtig, Margarethe, und sehr vertraut mit Schöffer«, erwiderte Jakob ärgerlich. Es war ihm unangenehm, dass sein Weib ihn mehr durchschaut hatte, als er sie, und er in dieser Sache gleichsam ein Werkzeug in ihrer Hand gewesen war; dann genierte es ihn auch, dass sie ihn einer kleinlichen Rache an Gutenberg fähig hielt und glauben konnte, Gesetz und Recht müssten ihm dazu dienen. Nach kurzer Pause fuhr er fort: »Was mein Bruder tut, ist seine Sache. Ich musste ihm zum Besten raten und werde es auch ferner tun. Das ist meine Schuldigkeit, doch täuschest du dich sehr, wenn du glaubst, es werde und könne etwas geschehen, was gegen Fug und Recht ist. Sind wir auch angesehen, mächtig und reich, stehen wir doch mit allen unter einem und demselben Gesetze.«

»Das aber dem Reichen stets günstiger als dem Armen ist«, fiel Margarethe höhnisch ein. »Doch wie dem auch sei. Du siehst ja, ich bin es nicht, die dagegen ankämpft. Hab' ich es doch so kommen sehen und mich darob gefreut – und wenn es da ist – wenn er – o dann will ich laut jubeln – will an seinem Anblick mich weide – will – –«

Ein Krampf schnürte plötzlich ihre Brust zusammen. Das Wort erstarb auf ihren erbleichenden Lippen – sie rang nach Atem – Töne, einem erstickenden Schluchzen ähnlich, rangen sich hervor und bewusstlos stürzte sie zusammen. Jakob rief nach Hilfe und als Margarethe sich wieder einigermaßen erholt hatte, verließ er sie in höchst unangenehmer Stimmung.

Schöffer saß noch in später Abendstunde bei seiner Arbeit, die ihm der bescheidene Strahl einer kleinen Lampe eben nicht erleichterte. Was er schaffte, bedurfte eines scharfen Blicks und einer sicheren Hand und erforderte große Beharrlichkeit, es in nächtlicher Stunde zustande zu bringen. Heute war nun auch noch Christine zugegen. Sie hatte sich heraufgeschlichen, das Werk, dem sie mit dem höchsten Interesse folgte, einmal wieder in Augenschein zu nehmen. Sie lehnte an dem Stuhle des Geliebten und sah über seine Schulter hinweg der Arbeit seiner Hände zu. Hätte auch vielleicht ihren geheimen Wünschen eine zärtliche Stunde mehr zugesagt, als Schöffers Arbeitseifer, und seufzte sie auch zuweilen unwillkürlich darnach, bestärkte es sie doch in ihrem Glauben an seine Liebe, denn ihre Hand war ja das Ziel, wonach er mit seinem Fleiße strebte.

»Das gibt mein Heiratsgut«, sagte er nach längerem Schweigen, seinen Kopf ein wenig zu ihr neigend und flüchtig zu ihr aufschauend.

»Wie lange hast du noch daran zu schaffen?«, fragte sie ihn.

»Mit dem Maimond wirst du meine Braut«, gab er mit vieler Bestimmtheit zur Antwort.

»Noch den ganzen langen Winter dauert diese Arbeit, bis sie zu Ende?«, klagte sie.

»Das Glück der Zukunft soll uns für das lange Warten entschädigen«, tröstete er, seinen Arm um ihren Hals schlingend und sie flüchtig küssend. Dann arbeitete er wieder weiter.

»Du wirst krank werden, wenn du dich so überanstrengst und nicht einmal eine Viertelstunde zwischendurch ausruhst.«

Ein etwas ironisches Lächeln zog bei dieser Bemerkung seiner Geliebten um Schöffers schmale Lippen und er erwiderte:

»Bist du mein Weib, machst du mich wieder gesund; auf dass du es bald werdest, muss ich arbeiten, viel und ungestört arbeiten, Christine.«

»Ich will wieder hinuntergehen«, gab sie etwas empfindlich zur Antwort. »Ich störe dich nur, und die Mutter könnt's auch merken, und dann gäb's Verdruss.«

»Du bist ein kluges Kind, Tinchen. Ja, geh hinunter«, stimmte er in zärtlichem Tone bei, doch ohne von seiner Arbeit aufzusehen.

Sie ging mit einem kurzen »Gute Nacht« der Türe zu, da rief er ihr vorwurfsvoll nach:

»Ohne Kuss, Christine gehst du? So lohnst du mir meine schlaflosen Nächte?«

Sie blieb einen Augenblick stehen, dann eilte sie wieder zu ihm hin, umarmte ihn und bat:

»Vergib, ich weiß es ja, wie du mich liebst, und doch – –«

»Wie, ein Zweifel?«, unterbrach er sie und sah sie anklagend an, indem er fortfuhr: »Komme mir so nicht wieder,

Christine. Ich bin ein ehrlicher Mann und will dich redlich verdienen. Ich bezwinge meine Leidenschaft – reize sie nicht durch Misstrauen – sonst, Christine, schreibe es dir selbst zu, wenn –«

»Gute Nacht! Gute Nacht und vergib!«, unterbrach sie ihn und verließ eilends die Stube.

»Ich mag es nicht gerne, wenn sie an meinem Stuhle lehnt, und ihr neugierig Auge über meine Schulter schaut«, sprach er vor sich hin, als die Türe sich hinter Christine geschlossen. »Nicht weil etwa mein Herz stärker dabei pochte, und mich dies in der Arbeit störte, – nein, weil ich, wenn sie da ist, doch daran denken muss, ihre junge Liebe und Eitelkeit etwas zu befriedigen. Das ist Zeitvertreib für müßige Stunden, eine ganz angenehme Spielerei, wenn sie meine Verlobte sein wird, aber bei mühsamen Arbeiten nur eine kindische Unterbrechung, die verstimmt. Sie ist eben in der Liebesleidenschaft wie alle ihres Alters, so kalt sie sonst ist – doch in der Ehe gibt sich das bald. Sie wird ein annehmbares Weib werden, des Mannes Verdienst und Ehre hoch halten und sich fügen in seinen Willen. Meine Schule schlägt gut bei ihr an. Sie lernt, was mir frommt.«

Während dieser Betrachtungen hatte Schöffers Arbeit geruht; – jetzt nahm er sie wieder mit doppeltem Eifer auf. Diese und keine der folgenden Nächte ging vorüber, in der er nicht bis zum Morgen geschafft hätte, um das, was sein scharfsinniger Kopf ausgedacht, möglichst schnell zu realisieren. Seinem praktischen Sinne und unermüdlichem Fleiße gelang es, die Methode der Schriftgießerei zu ergründen und auszuführen, die noch jetzt als die beste anerkannt ist.

Das Schlagen der Münzen und andere ähnliche Künste hatten seine Gedanken vom Gießen der Matrizen zum Schlagen derselben geleitet. Er fertigte zu diesem Zwecke

Stempel mit erhabenen Buchstaben an, Bunzen oder Patrizen genannt, die er in dünne Kupfer- oder Metallplatten einschlug und in diese Matrizen eine tauglichere Metallmischung, als seither geschehen war, eingoss. So wurden die Lettern ganz gleichförmig und viel schärfer ausgeprägt, waren viel haltbarer und wurden auch viel schneller vervielfältigt. Als tüchtiger Kalligraph schnitt er die Buchstaben in möglichst schöner und gefälliger Form, und als er eine Bunze fertig hatte, woraus ein ganzes Alphabet stand, sie in Metallplatten eingeschlagen und eine Anzahl Buchstaben gegossen hatte, schien es ihm an der Zeit, mit dieser Errungenschaft um Fusts reiche Tochter zu werben.

Christine, mit ihm einverstanden, ordnete auf weißgedecktem Tische die kostbaren Gegenstände und breitete eine schöne Decke darüber aus. Schöffer stand daneben, hoch aufgerichtet im Bewusstsein, dass dasjenige, was er einzusetzen habe, des Preises würdig sei. Fust an der Hand seines Weibes trat von Christine geführt ein; Schöffer hob die rote Decke von den kleinen, glänzenden Kunstwerken auf und zeigte darauf hin, indem er sprach:

»Das ist meine Erfindung, Meister Fust. Mit ihr werden wir erst recht drucken können. – Betrachtet die Bunzen, Matrizen und Buchstaben genau und sagt offen, ob ich nicht Großes vollbracht?«

Fusts ganzes Angesicht überzog die dunkelste Röte der Freude, als er Schöffers Werk prüfend in die Hand nahm.

»Jetzt sind wir am Ziele!«, rief er, den Genossen umarmend, aus. »Jetzt erst werden die lohnenden Erfolge kommen! Ihr seid ein prächtiger Mann, Schöffer. Sollt aber auch nicht zu kurz kommen – verlasst Euch ganz auf mich und seid mir treu und anhänglich.«

»Das will ich, Meister Fust, – will mich Euch ganz zu eigen geben, und auf dass Ihr nimmer an meiner Treue zweifeln könnt, nehmt mich zum Tochtermann.«

»Wie? Was? Christine, mein einziges Kind – mein reiches Kind – Euch, Schöffer, zum Weibe? Ihr werbt wirklich um sie?«

»Ja, Meister Fust, ich begehre ihre Hand und hab' ich nicht Goldgulden, gleich Euch, in der Truhe liegen, so liegt doch hier aus dem Tische ein Heiratsgut, das Goldes wert ist. Für Christinens Hand gebe ich es hin, doch nur dafür.«

Damit warf er die Decke wieder über seinen Schatz und legte seine Hand darauf. Doch Fust schob nach kurzem Bedenken Schöffers Hand hinweg und legte sie in die Christinens, während er die Decke wieder emporhob und sprach:

»Der Preis ist hoch, doch Euer Werk verdient ihn. Da, nehmt sie hin.«

»Und ich werde gar nicht gefragt, ob ich will?« wandte Christine scherzend ein.

»Ob du willst? Des Vaters Wille gilt hier, einfältiges Ding.«

»Gemach, Vater. So mir nicht. Und dass Ihr seht, dass Euer Wille nicht so über alles steht, will ich Euch nur sagen – –« »Doch nicht, das du ihn nicht zum Manne willst?«, fiel Fust ein.

»Nein – vielmehr, dass ich schon längst geschworen habe, sein und nur sein Weib zu werden, und es schon im Sinne hatte, als er noch nichts weiter war, denn Euer Famulus, Vater.«

»Das ist ein sauberes Bekenntnis einer guten Tochter, und ich hätte fast Lust –«

»Zu was?«, rief Christine übermütig. »Werf die Decke nur wieder über den Tisch, wenn Ihr den Mut dazu habt.«

»Nein, das geschieht nimmermehr. Schöffer hat mein Wort – und Eure Sünden seien Euch vergeben.«

»Amen! So ist's Recht!«, stimmte Christinens Mutter ein. »Ich wusste, dass es so käme, und habe drum den Verlobungsschmaus schon hergerichtet und die Vettern und Basen dazu geladen.«

»Was? Doch nicht gar heute schon?« »Ja, Vater, heute schon«, bestätigte die Braut fröhlich.

»Und in drei Wochen Hochzeit«, setzte Schöffer hinzu. »Dann, Vater, drucken wir mit den neuen Lettern.«

»Sobald die Bibel fertig ist. Ja, ja. Doch bis dahin verwahren wir sie gut. Kein anderes Auge darf sie schauen, am wenigsten das seine. Meinst du nicht auch so, du, mein künftiger Schwiegersohn?« »Ganz wie Ihr bin ich gesinnt«, erwiderte Schiffer.

Fust fuhr fort:

»Die Bibel muss nun doch so, wie sie angefangen worden, vollendet werden. – Ist sie es, dann –«

»Ja dann«, sagte Schöffer, ihm vertraulich auf die Schulter klopfend, »werden wir beide die alleinigen Herren des Geschäfts.«

»Vivat, das Brautpaar soll leben!«, schallte es von der Werkstätte herüber.

Fusts Weib hatte das frohe Ereignis bereits durch eine Magd drüben verkünden lassen.

»Peter Schöffer und Christine hoch!«, schallte es abermals, doch mehr lärmend als freudig.

Ein früher Feierabend wurde heute den Gesellen. Gutenberg blieb allein in der Werkstätte und entschuldigte sein Nichterscheinen beim Verlobungsfeste mit dringender Arbeit. Es war ihm recht wohl, dass er wieder einmal so allein in der Werkstätte war und mit ganz besonderer Freude betrachtete er das teure, heilige Werk, dessen Druck zwar langsam, aber sicher von Statten ging. Lebhaft stand der Moment vor seiner Seele, in dem er Katharina das vollendete Werk darreichte, ihr frommes Auge andächtig darauf niederschaute und dann es innig dankend zu ihm aufschlug. Auch der Freunde in Venedig gedachte er öfter wieder, seit sein Ziel näher rückte, und in der stillen Werkstätte heute wurde die Erinnerung an sie besonders lebendig in ihm. Er glaubte es nicht anders, als dass Kuno in Antonios Haus eine bleibende Stätte gefunden. Die Wünsche seines edlen Herzens legten ihm die Wahrheit ziemlich nahe, allein es war eben nur Vermutung, was er hoffte und glaubte; und an ihre Stelle sollte nun bald die Überzeugung treten. Er wollte ihnen Kunde von sich geben, sobald das erste große Druckwerk vollendet war, und seine Sendung sollte den Beweis liefern, dass er sie nicht vergessen und zugleich die Entschuldigung seines langen Schweigens sein. Diese Gedanken waren nächst seinen Arbeiten seine Freuden, seine stillen, herzinnigen Freuden, das bescheidene Glück seines Lebens. Schöffers Verlobung mit Fusts Tochter machte keinen besonderen Eindruck auf ihn, noch veranlasste ihn dieselbe zu einem Misstrauen Er fand gar nichts Außergewöhnliches in diesem Ereignisse, das in der Stadt, wie im Hofe zum Jungen zu mancher zweideutigen Vermutung Veranlassung gab. Die Gesellen flüsterten allerlei untereinander, doch am Tage der Verlobung selbst erfreuten sie sich in fröhlichster Laune des guten Trankes, den ihnen Fust spendete, wie des frühzeitigen Feierabends, der sie in die Stadt hinauslockte.

Nur Albert Pfister blieb im Hofe zum Jungen zurück. Die schnelle Verlobung, Fusts Freude strahlende Miene und Schöffers triumphierender Blick verstimmten ihn, ohne dass er einen klaren Grund dafür hatte; es überkam ihn mehr nur wie eine Ahnung, dass diese Verbindung kein Glück für den ehrlichen Gutenberg sei, dessen edler Sinn nichts mit Fusts Eigennutz und Schöffers Eitelkeit gemein hatte. Er verließ die Werkstätte, weil er wusste, dass Gutenberg eine Stunde des Alleinseins darin lieb war, und trat von allerlei unbehaglichen Zweifeln geplagt unter die Türe; doch der Blumenduft, den der Abendwind aus dem

Garten ihm zutrug, lockte ihn bald dorthin. Er ließ sich auf die Bank nieder, die von der Linde überwölbt, und zwischen Holunder und Haselnussstauden versteckt lag, und seine Gedanken bekamen eine andere Richtung. Die Blumen, welche die Maisonne aus ihren grünen Kelchen hervorgelockt und in lieblicher Farbenpracht umherstanden, und gar jene erste Rose, die so zart und doch so herrlich blühte, sie zauberten ihm ein holdes Mädchenbild vor die Seele, und der junge Druckergeselle vergaß die geschäftlichen Fragen, welche Schöffers schnelle Verlobung in ihm wach gerufen und ihn um Gutenberg bangen ließen und dachte nur noch an des Erfinders holdselige Base, die er schon einige Wochen, eine Ewigkeit, wie ihm dünkte, nicht mehr gesehen hatte.

Da rauschte es neben ihm, als ob ein neugieriges Vöglein durch die Zweige flattre – aber sieh, das grüne Gebüsch teilte sich, und eine helle Stimme erscholl:

»Finde ich dich endlich, Vetter Gutenberg!«

Ein »Ach« der Überraschung folgte diesem Ausrufe nach. Das hocherrötende Mädchen erkannte seinen Irrtum und stand verlegen des Vetters hübschem Gehilfen gegenüber.

»Lasst es Euch nicht gereuen, holde Jungfrau, dass Ihr mich statt seiner gefunden«, flehte Albert, kaum fähig zu sprechen. Sie schlug das Auge nieder, und er fuhr etwas mutiger fort: »Wenn Ihr wüsstet, wie sehr Euer Anblick mir Herz und Auge erfreut, Ihr würdet nicht so selten in den Hof zum Jungen kommen. Ach, dass Ihr nie ausgezogen wäret!«

»Wäre mir auch lieber. Es ist so schön hier«, erwiderte sie schnell und sah in den Garten hinein, eigentlich aber nur, um den Gesellen nicht ansehen zu müssen.

»Ja viele schöne Blumen blühen und duften hier«, sagte er. »Doch wenn Ihr zwischen sie tretet, neigen sie sich bescheiden vor Euch. Seht nur hin, seht wie der Abendwind sie zu Euch herbewegt, als sollten sie Euch begrüßen, Euch, ihr holdestes Schwesterlein.«

»Was Ihr für schöne Worte führen könnt«, lächelte sie und wollte ihn ansehen, doch wie ihr Blick den seinen traf, erbebte sie, und ihr Auge senkte sich noch tiefer.

Da fasste er ihre Hände, neigte sich gegen sie hin und sprach leise, doch fest und innig zu ihr, sprach von dem ewig sich Wiederholenden, doch jeder reinen, naiven Natur stets Neuen, Überraschenden: von Liebe, Treue, von Kummer und Schmerz, von unendlichem Glück und unendlicher Qual, und wie er sie dabei immer näher zu sich herzog, sein heißer Atem ihre Wange streifte, sie das Klopfen seines Herzens an dem Pulsschlag seiner Hand verspürte, durchzuckte sie eine süße, namenlose Empfindung, und ihr Herz schlug erst zaghaft: »ich liebe dich«, dann mächtig, immer mächtiger, bis flüsternd das Geständnis auf ihre rosigen Lippen trat, und in einem langen, seligen Kusse seinen sprechenden Ausdruck fand.

Da schlug die Nachtigall ihre zärtlichsten Triller in den Zweigen der blühenden Linde, die ihre weiße Blütenfülle aus die Glücklichen herniederstreute. Die Blumen um sie her öffneten ihre Kelche weiter und strömten ihre süßesten Düfte aus; »auch ein Sternlein um das andere trat an das Himmelszelt und blickte freundlich auf das junge Paar herab.

Gutenberg stand am Eingange des Gartens, wie der treue Wächter des eben unter Blumen, Blüten und Nachtigallensang zu vollem Bewusstsein erwachten Liebesleben, und sein ernstes Auge blickte aufwärts, als flehe er um höheren Schutz für eine Zukunft, die so heiter, so hoffnungsvoll in den jungen Herzen lag, und doch so tief verhüllt noch in der Zeiten Geschick.

## 5

Seit Schöffer Fusts Tochtermann geworden, beschäftigte er sich in der Druckerei noch angelegentlicher. Dennoch ging der angefangene Bibeldruck nicht schneller von Statten. Die bessere Methode der Schriftgießerei bewahrten er und sein Schwiegervater als ein Geheimnis, aus dem sie später für sich allein Vorteil ziehen wollten; zudem musste der schon so weit gediehene Druck mit den schwerfälligeren Typen Gutenbergs vollendet werden. Schäffer verbesserte insofern daran, als er die Formen schärfer einzuprägen suchte, eine haltbarere Mischung der Metalle veranlasste und die Tinte, wie sie die Druckerschwärze nannten, dauerhafter machte.

So wurde dieser erste große Wiegendruck, wenn gleich noch steif und mangelhaft, doch in einer Weise vollkommen, die uns im Hinblick auf Zeit, Verhältnisse und die allseitigen großen·Schwierigkeiten, mit denen der Erfinder zu kämpfen hatte, zu andächtiger Bewunderung hinreißt.

Jeder neue Bogen, den Gutenberg unter der Presse hervorzog, erfüllte ihn mit namenloser Freude. Jetzt endlich schienen die Mühen und Qualen seines Lebens ihren verdienten Lohn zu finden, doch bescheiden und demutsvoll, wie er war, vergaß er sein langes mühevolles Streben danach und pries das endlich Gelungene zumeist nur als eine Gnade von Oben, und wie sein edles, dankbares Gemüt sich Gott hingab, nahm es auch jeden ihm, oder vielmehr seinem Werke geleisteten Dienst mit dankbarer Anerkennung auf; – so auch Schöffers Bemühung um den Druck.

Was dieser dabei verbesserte und erleichterte, machte ihm den jungen Mann lieb und wert, an dem er eine tüchtige Stütze seiner Erfindung heranwachsen sah.

Nicht minder fühlte er sich Fust dankbar verpflichtet, und was dessen Habgier und Schöffers Egoismus und Eigennutz im Stillen brüteten, ging spurlos an seiner arglosen Seele vorüber. Das Geschick, was jene über ihn heraufbeschworen und ihn schwerer als alles andere Vorhergegangene treffen sollte, wuchs ungeahnt von seinem redlichen Herzen neben ihm heran und umschlang ihn immer fester. Er, nur beschäftigt mit seinem Werke und einigen stillen Gedanken, die sich daran reihten: an Gertrude, deren Geliebter dadurch eine bessere Stellung in der Druckerei wie in den Augen ihres Vaters gewinnen sollte; an Katharina und die fernen Freunde in der Lagunenstadt, denen der gelungene Bibeldruck ein Liebeszeichen von ihm werden sollte, hatte keine Acht auf Fusts und Schöffers auffallende Vertraulichkeit, wie ihr genaues Erforschen und ganz spezielles Eindringen in alle seine Arbeiten. Pfister jedoch, der an Gutenberg mit der Liebe und Verehrung eines edlen, strebsamen Geistes hing, dem die tiefe Bedeutung einer Kunst sich offenbarte, deren Erfinder er war, beobachtete Schöffer und Fust aufmerksam; konnte er dabei auch zu keiner bestimmten Überzeugung gelangen, überkam ihn doch zuweilen eine Furcht um die Zukunft des vertrauensvollen Erfinders, der nichts von ihrem Egoismus besaß. Er fühlte sich durch Gertrud noch ganz besonders an Gutenberg gefesselt, die mit jugendlicher Begeisterung ihm ergeben war, weshalb seine Sorge um ihn eine fortgesetzte blieb.

Auch Gutenberg gewann immer mehr Vorliebe für den strebsamen Gesellen, dessen vortreffliche Eigenschaften er längst erkannt hatte, darum auch im Stillen seine Liebe zu Gertrud billigte, von deren Erwachen er ein unbemerk-

ter Zeuge gewesen war. In diesen beiden frischen Naturen
fand sein Herz ein väterliches Glück, jenes bestechende
Glück, das sich in den nachkommenden Leben verjüngt
wieder sieht oder in ihnen findet und liebt, was dem eignen
Dasein nicht geworden.

An einem Feiertage, wo es still in der Werkstätte war,
und nur Gutenberg sich darin aufhielt, kam Albert zu ihm
und nachdem er einige Bemerkungen über den Fortgang
der Druckerei gemacht, fing er etwas befangen an:

»Vergebt, Meister, wenn ich meinem Herzen Luft
mache und Euch Vermutungen, statt bestimmter Tatsa-
chen mitteile, die Euch unangenehm berühren werden,
aber, Gott weiß, ich drückte es schon so lange in mich hinein, dass es eben nicht länger mehr bei mir bleiben will.«

»Was ist's Albert? Hast du ein Leid?«

»Um mich nicht, Herr, aber um Euch.«

»Um mich? Ich denke, das wäre überflüssig, Albert,
denn noch nie ist's mir so gut geworden, als eben jetzt.«

»So nehmt Ihr an, weil Ihr so vertrauensvoll seid – aber
gewiss, ich täusche mich nicht. Sie haben Arges mit Euch
im Sinne.«

»Was? Wer hat das?«

»Fust und Schöffer. Sie meinen's nicht gut mit Euch.«

»Weshalb nicht? Werden sie doch durch meine Erfindung Ehre und zeitlich Gut gewinnen. Bald ist die Heilige Schrift gedruckt. Malt doch schon der Kaplan zu St.
Stephan einzelne Teile derselben aus und hat bereits eine
beträchtliche Zahl der großen Anfangsbuchstaben recht
sinnig verziert. Es wird ein prächtiges Buch geben, seines
Inhaltes wert – und ist es fertig, werden bald noch schönere Drucke nachfolgen und auch noch zweckmäßigere
für den allgemeinen Gebrauch, denn Latein verstehen nur
wenige. Die lateinische Bibel ist ein Prachtstück für die
Auserwählten, nicht ein Buch für das Volk; nach ihr wol-

len wir aber ein Werk für alle drucken und es Armen-Bibel nennen. Lesen soll sie jeder können, der etwas von der Schrift versteht. Meinst du nicht auch, Albert, dass das verdienstlich wäre und auch recht einträglich werden könnte. Man muss auch auf das Letztere sehen, um wieder Neues schaffen zu können. Fust will keine Gelder mehr vorschießen, allein er muss es noch einmal tun – ich sagte ihm das gestern.«

»Ich aber fürchte, er gibt Euch kein Geld mehr«, warf Albert ein.

»Das kann er nicht«, entgegnete Gutenberg mit Bestimmtheit. »Bedarf es doch nur noch wenig, und die Bibel ist vollendet, dann wird ihm ja reicher Ersatz dafür.«

»Und dennoch wird er es nicht geben. Ich irre mich nicht. Es ist etwas gegen Euch im Werk. Die Gesellen flüstern allerlei Schlimmes, wozu Fusts Betragen gegen Euch in letzter Zeit Veranlassung gibt.«

»Sein Betragen gegen mich?«, wiederholte Gutenberg verwundert. »Ist es denn anders als von jeher?«

»Allerdings. Doch liegt es mehr in seinem Benehmen gegen die Gesellen, als gegen Euch selbst. Er tut ihnen gegenüber als ob er der alleinige – Herr hier wäre, und sein und Schöffers Wort mehr gelte, als das Eure, und überall lässt er durchblicken, dass man nur ihm und seinem Gelde die Druckerei verdanke.«

»Das ist eine schwache Seite von ihm. Er ist hochmütig wie die ganze Fustsche Familie. Lassen wir ihm das, und gehen getrost immer weiter – so kommen wir endlich ans Ziel – auch du, Albert, wirst an das deine gelangen. Einem geschickten Drucker, der solches schaffen kann«, fuhr er, einen bedruckten Bogen aus der Presse nehmend, fort, »wird auch ein Patrizier sein Kind nicht verweigern.«

»Wie? Ihr wisst?« stotterte Albert, und tiefe Glut überzog sein ganzes Gesicht.

»Ja, ich weiß, und segne Eure Liebe; – denn du und Gertrud, ihr gehört wahrhaftig zusammen. Die Engel selbst könnten zwei bessere Herzen nicht vereinen.«

»Und Ihr glaubt, Gertruds Vater werde gleich Euch den Bund unsrer Herzen segnen?«

»Hoffe darauf mit Zuversicht. Dehnt das Druckergeschäft sich aus, wie nicht zu bezweifeln, brauchen wir der tüchtigen Männer mehr. Fust brachte Schöffer als Teilhaber, ich werde dich vorschlagen, sobald es an neue Drucke geht – und bist du als unser Genosse aufgenommen, wird Gertrud dein Weib. Nein, danke mir nicht, ich habe egoistische Wünsche dabei – ich möchte bei Euch die langvermisste Heimat wiederfinden, als Vater in Eurer Mitte leben.

»O, Gott im Himmel!«, rief Albert, fast weinend vor Freude und Schmerz. »Dieser edelmütige Glücksplan – ach, und ich kann nicht daran glauben. Fust und Schöffer werden ihn vernichten. Sie trachten nach Eurem Verderben.«

Kaum hatte er dies ausgesprochen, als die Türe sich langsam öffnete, und Fust eintrat. Mit missbilligendem Blicke bemerkte er Albert und fragte streng:

»Weshalb bist du hier und nicht bei deinen Kameraden, die sich draußen in der Stadt des Feiertages erfreuen?«

»Weil es anders mir mehr zusagte«, gab Albert kurz zur Antwort.

Fust gab ihm einen Wink, sich zu entfernen, was er zögernd tat. Als Albert die Türe hinter sich geschlossen, sagte Fust zu Gutenberg:

»Ihr haltet die Gesellen nicht genug im Respekt. Haben sie nicht Furcht vor dem Meister, werden sie in der Arbeit lässig.«

»Diesen Vorwurf kann man unsern Leuten nicht machen«, erwiderte Gutenberg mit gewohnter Ruhe.

»Am wenigsten Albert Pfister, er ist der fleißigste und beste von allen.«

»Bildet sich aber auch mehr ein, der Bamberger Briefmaler und meint, weil er dieses Gewerbe getrieben, stehe er über seinen Kameraden. Seiner Treue vertraue ich am allerwenigsten.«

»Hat er nicht geschworen, hier zu bleiben und nichts zu verraten, bis er seines Eides entbunden ist?«

»Das haben sie alle geschworen – dass sie's halten, muss unsere Sorge sein. Drum müssen wir sie möglichst unter uns stellen. Doch das versteht Ihr wenig – verkehrt viel zu vertraulich mit den Untergebenen.«

»Jeder tue nach seiner Weise. Ich lasse Euch die eure, lasst mir die meine – dann gleicht sich das etwaige Unrecht auf beiden Seiten wohl am besten aus.«

»Bei Eurer Art zu sein, wäre es leicht möglich, dass ein Geselle zu dem Gedanken sich erhöbe, Teilnehmer zu werden oder gar anderwärts eine Druckerei zu errichten.«

»Das Eine, wie das Andere wird in der Zukunft nicht ausbleiben, und soll es auch nicht. Die Vorteile des Anfangs sind uns und werden uns noch eine geraume Zeit bleiben, dann aber wird und muss eine Erfindung, die dem Allgemeinen angehört, dem engen Raum eines Hauses sich entziehen, um über Städte und Länder sich zu verbreiten.«

»Unsere Werke sollen es, aber nicht die Kunst selbst. Sie bleibe hier festgebannt und bleibe ein Eigentum der Fust- und Schöfferschen Familien.«

Ohne darüber nachzudenken, dass Fust seinen Namen nicht genannt, legte Gutenberg seine Hand auf des kleinlichen Genossen Schulter und sagte:

»Erfasst Ihr denn gar nicht die weit greifende Bedeutung unserer Kunst, und dass sie in sich selbst die Unmöglichkeit trägt, eine gefesselte zu bleiben? Ist sie doch das freieste Kind, das je der menschliche Geist erzeugt – und ist noch dazu ein beschwingtes Kind! Wer es einsaugen und in einen Käfig setzen wollte, würde schwer dafür büßen müssen, denn auch gefesselt, in Ketten und Banden wird es diese immer wieder zu zerreißen, den beengenden Käfig zu durchbrechen wissen, und seine Stimme überall erschallen, Wahrheit und Trug zu sondern: auf den Bergeshöhen, in den Talesgründen, auf der himmelanstrebenden Turmesspitze, wie in den tiefsten Gewölben der Vehme, in der Hütte, wie im Palaste, an Petris Stuhl und an den Stufen der Throne sein Recht zu behaupten, das in uneingeschränkter Freiheit liegt.«

Gutenbergs Auge strahlte begeistert, die Zukunft seiner Erfindung entrollte sich vor ihm mit ihren heiligen Rechten und ließ ihn die beengenden Fesseln ihrer Gegenwart vergessen. Fust erbebte unter dem gewaltigen Drucke feiner Hand und seinen prophetischen Worten, obgleich er diese nicht recht verstand, und als ob er sich für immer ihm entziehen wollte, wich er, als Gutenberg geendet, scheu von ihm zurück und murmelte:

»Es ist an der Zeit, dass wir die Hand auf ihn legen.«

Eine lange Pause trat ein.

Gutenberg setzte sich still zur Seite und stützte den Kopf in die Hand.

Fust voll inneren Ärgers, warf einige Gegenstände hin und her, dann trat er zu Gutenberg heran und sagte:

»Es kommt mir vor, wir verstehen uns nicht mehr recht, darum ist es besser, wir ordnen und sondern unsere Angelegenheiten.«

»Wie Ihr wollt«, warf Gutenberg hin, ohne der Bedeutung von Fusts Vorschlag nachzudenken.

»Vor allem«, fing dieser nach einer kleinen Pause wieder an, »schieße ich Euch kein Geld mehr vor, wie Ihr gestern von mir verlangt habt; und da die Sache hier zu keinem Ende kommen will, möchte ich Abrechnung mit Euch halten. Ich gab Euch vor Jahren schon sechzehnhundert Gulden und noch schuldet Ihr mir die ersten Zinsen, die ich inzwischen an Christen und Juden geben musste, welche mir das Geld geliehen.«

»Ihr hattet ja eigene Mittel genug, – warum tatet Ihr das? Es ist Eure, nicht meine Sache«, gab Gutenberg, ohne aufzusehen, zur Antwort.

»Darüber will ich jetzt nicht mit Euch streiten; – nur sagen will ich Euch, und aus ganz besonderer Rücksicht, damit Ihr darauf vorbereitet seid. Ich fordere mein Kapital nebst Zinsen und Zinseszinsen von Euch zurück, und zahlt Ihr nicht in anberaumter Frist – mag Gesetz und Recht zwischen uns entscheiden.«

»Wie? Versteh' ich Euch nicht falsch, wollt Ihr Klage gegen mich führen?«, fragte Gutenberg ganz verwundert.

»Ihr habt's getroffen, Junkherr Gutenberg. Wenn Ihr nicht zahlen könnt, müsst Ihr darauf gefasst sein.«

»Das ist unmöglich Euer Ernst«, erwiderte Gutenberg aufstehend. »Ganz unmöglich, Fust. Es wäre ja zu Eurem eigenen Nachteile.«

»Inwiefern?«

»Die Druckerei ist mein, wie es ihre Erfindung ist. Scheidet Ihr Euch durch Klage von mir, bin ich ihr alleiniger Herr. Die bald vollendete Bibel wird es mir möglich machen, meinen Verpflichtungen gegen Euch, die jedoch so groß nicht sind, als Ihr sagt, nachzukommen. Ich habe Euch weder Zinsen noch Zinseszinsen zu zahlen. So verspracht Ihr bei Abfassung des Zettels, und noch manches andere zu meinem Vorteile, wie es zum Teil auch unsere schriftliche Übereinkunft enthält.«

»Was im Zettel steht, ist gültig, alles andere nicht. Wer kann lange Jahre Wort für Wort behalten, was er gesprochen?«

»Nicht die Worte, Fust, aber ihren Sinn, dem sie entsprungen.«

»Was streiten wir uns darob. Die Sache mag ihren Lauf nehmen, das Gericht nach Recht und Gerechtigkeit entscheiden.«

Nach diesen Worten verließ Fust schnell die Werkstätte noch ehe Gutenberg etwas erwidern konnte.

»Er beruft sich auf Recht und Gerechtigkeit!«, sprach dieser vor sich hin. »Wohlan, dabei kann ich nur gut fahren, – und doch wünschte ich, es würde nicht so kommen, und wir uns wieder in Güte verstehen. Jedenfalls unterbricht ein Streit zwischen uns die Arbeit hier, und ich sehne mich so sehr danach, das vollendete Werk zu schauen; so sehr nach dem Augenblicke, wo ich es dir Katharina darbringen kann.«

Er versank in Erinnerungen und vergaß darüber die drohende Zukunft. Die liebe Verwandte, mit der ihn ein so inniges und heiliges Freundschaftsband verknüpfte, war ihm nun schon so lange wieder entrückt. Er hatte Katharina, seit sie Nonne geworden, nicht besucht, obgleich ihm dies als ihrem Oheim wohl gestattet worden wäre. Er verschob von Jahr zu Jahr den Zeitpunkt ihres Wiedersehens auf den Augenblick, wo er ihr sein erstes größeres, gedrucktes Werk, die Heilige Schrift, darbringen könnte, – damit das erreichte Ziel seines Strebens, den ermöglichten Bücherdruck. Seine Hoffnungen und heißen Wünsche, die das Ziel nie allzu ferne hielten, hatten ihn auch bei seinem Abschiede von Katharina getäuscht, und er nicht gedacht, sie so lange nicht wiederzusehen. Zehn Jahre waren seitdem dahingegangen, und jetzt endlich die Erfüllung seiner Wünsche nahe – sollte sie ihm wieder durch kleinliche Bedenklichkeiten entrückt werden. Fusts Absicht, ihn ganz aus der Druckerei zu verdrängen, um alle Vorteile derselben für sich allein zu haben, kam ihm nicht in den Sinn, drum glaubte er auch an ein gütliches Abkommen, und wäre dies nicht möglich, fest an sein Recht, das ihn zum Herrn der Druckerei machte; selbst Alberts Befürchtungen konnten ihn darin nicht irre führen.

Allein, kurze Zeit nachher sollte er seine Täuschung innewerden.

Fust klagte ihn gerichtlich an, dass er seinen Verpflichtungen gegen ihn nicht nachkomme und verlangte Zurückzahlung der ihm vorgeschossenen Gelder, die er mit Zinsen und Zinseszinsen auf zweitausend und sechsundzwanzig Gulden angab, eine Summe, von der, wie er wohl wusste, Gutenberg nicht den zehnten Teil entrichten konnte.

Gutenberg gab als Rechtfertigung darauf zu Protokoll, dass die ersten achthundert Gulden, die er jedoch nur nach und nach, nicht auf einmal, wie Fust versprochen, erhalten habe, zur Einrichtung der Druckerei bestimmt und verwendet worden seien, dann habe ihm Fust dreihundert Gulden jährlich für die nötigen Geschäftsausgaben zugesagt, ebenso, dass er keine Zinsen zu zahlen habe, und dies nur der Form wegen im Zettel stehe; er könne und wolle demnach nur für die zweiten achthundert Gulden einstehen.

Gutenberg sah die Druckerei als sein Eigentum an, mit deren Behauptung diese Summe bald an Fust abzutragen er gegründete Hoffnung hatte, denn nur weniges fehlte noch, und die Bibel war vollendet. Der Verkauf des ersten großen, gedruckten Werkes musste ihm reichlichen Gewinn bringen. Selbst der gerichtliche Befehl, dass er genaue Rechnung über alles abzulegen habe, und welcher große Parteilichkeit für Fust zeigte, drang ihm die Möglichkeit, durch Intrigen und ungerechtes Urteil sein Alles zu verlieren, nicht auf. Pfister dagegen, von Furcht um ihn erfüllt, sah das Schlimmste kommen, mochte ihn aber nicht voreilig damit erschrecken, da er nicht einsah, wie Gutenberg, der einfache, stille, für sich lebende Gutenberg, dem einflussreiche Freunde gänzlich fehlten, mit Erfolg der mächtigen Fustschen Familie entgegentreten könne.

So kam der Tag heran, an dem Fust zur Endesentscheidung Gutenberg in das seinem Hause gegenüber liegende Kloster vorgeladen hatte. Es war damals Gebrauch in Mainz, die Gerichtssitzungen in den Konventstuben der Klöster abzuhalten, und Fust hatte mit seiner Vorladung in ein Kloster nur das gewöhnliche Verfahren beobachtet. Hier wurden dann nach altem, ziemlich einfachem, aber auch ebenso mangelhaftem Verfahren mittels Eidesleistungen und Zeugen die Prozesse entschieden, die gewöhnlich zum Vorteil der einflussreicheren Partei ausliefen.

Gutenberg, im Gefühle seines Rechts und von Fusts Handlungsweise im tiefsten Innern schmerzlich ergriffen, sandte an seiner Stelle einige befreundete Männer, um die Sache für ihn auszufechten. Fust jedoch erschien selbst in Begleitung seines Bruders Jakob, dreier angesehenen Bürger, einem Notar mit zwei Aktszeugen. Die Mittagsstunde war als letzte Frist anberaumt, und so lange auf den Angeklagten selbst gewartet. Gutenberg verweilte indessen bei seinen teuren Arbeiten, wie jeden Tag, doch nur Albert war bei ihm; die andern Gesellen hatten die Erlaubnis benutzt, über den heutigen Tag nach ihrem Gutdünken zu verfügen, und waren in die Stadt gegangen, bei einem Becher Wein über den Prozess ihrer Meister zu plaudern und die verschiedenen Meinungen darüber zu hören. Sie selbst, in ihren Ansichten nicht klar, nahmen bald Fusts, bald Gutenbergs Partei, je nachdem es ihr Vorteil erheischen wollte, und da Fust ein vermögender Mann war, was für ihre Zukunft mehr versprach, als Gutenbergs Armut, machten nur wenige eine Ausnahme, entschieden für den Erfinder aufzutreten.

Es war viel Gedränge um das Minoritenkloster, in dem der Prozess verhandelt wurde, und gespannt sahen viele auf die Uhr des hohen Domes und lauschten auf den Schlag der zwölften Stunde, wo der Richtspruch abgelesen und das Urteil gefällt werden sollte. Mit dem Schlage zwölf verlangte es Fust auch so; und obgleich Gutenberg nicht anwesend war, nahm die Verhandlung ihren kurzen formellen Gang.

Er, den es zumeist berührte, war, wie schon gesagt, bei seinen teuren Arbeiten, die alle seine Rechte so augenscheinlich bekundeten. Wollte an diesem Morgen auch sein Herz mitunter bange klopfen, überwand er doch schnell wieder jedes Zagen und erwartete mutig mit dem vollen Vertrauen auf sein Recht den Ausgang des Prozesses. Nicht so erging es Pfister. Je näher die Mittagsstunde kam, desto unruhiger wurde er, und nur langsam ging ihm die Arbeit von der Hand. Er wagte nicht, sie bei Seite zu legen, doch als die verhängnisvolle Mittagsstunde schlug, wurde ihm auch das unbedeutendste Geschäft zur Unmöglichkeit. Er wollte mit Gutenberg sprechen, aber dieser sah so ernst und feierlich drein, dass das Wort ihm auf der Lippe erstarb und immer beengter sich die Atemzüge aus seiner Brust rangen.

Da knarrte das äußere Tor. Pfister erbebte, – auch Gutenberg hob mit rascher Bewegung den Kopf in die Höhe und stand auf. Ein leichter Schritt kam über den Hof.

»Gertrud!«, rief Albert, halb freudig, halb in Angst, und das Mädchen stürzte herein und zu Gutenbergs Füßen, die sie laut weinend umschlang. Weder er, noch Albert wagten eine Frage, da schluchzte sie krampfhaft:

»Alles verloren!«

»Alles? – Wie – – sprich, Kind«, stammelte Gutenberg.

»Fust schwur einen Eid – o, einen falschen Eid. – Er hat gesiegt, der Schändliche. Sie nehmen dir alles, alles – armer, lieber Vetter!«

Gutenberg wankte, doch schnell gefasst, hielt er sich mit der einen Hand an der Presse, mit der andern zog er das verzweifelnde Mädchen in die Höhe und sagte:

»Erzähle ruhiger, Gertrud.«

Sie schmiegte sich fest an ihn an und erwiderte, mit Anstrengung sich sammelnd:

»Ich will's versuchen. Der Vater kam heim und berichtete, der Inhalt des Zettels sei zu deinem Nachteile verdreht worden durch den Einfluss der mächtigen Fustschen Familie, und Johann Fust habe seine Aussagen eidlich bekräftigt, auch erwiesen, dass er das Geld, das er dir vorgeschossen, bei Juden ausgenommen und schwer verzinsen musste. Darauf seien alle seine Forderungen anerkannt und ihm die Druckerei, samt allem gedruckten Werk, zugesprochen worden«

Das Mädchen barg nach diesem Bericht ihr Angesicht an Gutenbergs Brust, als drücke sie Schande und Schuld, eine solche Ungerechtigkeit nur ausgesprochen zu haben.

Gutenberg war totenbleich geworden, doch stand er aufrecht da, und als könne er Gertruds Worten nicht glauben, richtete er seinen Blick fragend nach Oben, während er sanft über des weinenden Kindes blondes Haupt hinstrich.

Da nahten sich abermals Schritte, doch gemessene Schritte, und durch die Türe, welche Gertrud bei ihrem Hereinstürzen offen gelassen, sah man Margarethe in prunkendem Gewande. Auch sie näherte sich der Werkstätte. Gutenberg zuckte zusammen und Gertrud mit einer raschen Bewegung in Alberts Arm legend, sagte er:

»Bringe sie hinweg!«

Doch hinter der Presse, die sie vor Gutenbergs Blicken schützte, sank sie in die Knie und hob flehend die Hände zu Albert empor, welcher, bezwungen davon, sie ließ und sich allein durch eine Seitentüre entfernte, als die stolze Frau von Jakob Fust Gutenberg gegenüber trat.

»Ich finde Euch hier und allein, wie ich erwartet«, fing Margarethe zu sprechen an. »Wir haben uns lange nicht begegnet, Junkherr Gutenberg. Heute gelüstete es mich danach.«

»Wohl um Euch an meinem Falle zu ergötzen«, gab er kalt zur Antwort.

»Was Ihr scharfsichtig seid und gut bedient. Kaum ist der Schiedsrichterspruch gefallen, seid Ihr auch schon davon unterrichtet, und wie Ihr mich nur erblickt, sagt Euch Euer Scharfsinn, dass es mich ergötzen müsse, die Stätte zu betreten, die für Euch verloren ging; ja verloren«, fuhr sie heftiger fort, als Gutenberg ihr nur mit einem Achselzucken und mitleidsvollen Blicken eine wortlose, doch bezeichnende Antwort gab. »Euer Glücksstern ist dahin für immer. Ihr wähntet Euch schon am Ziele des Weges, den Ihr frohlockend mit dem Herzblut anderer tränktet, dem Euer Stolz jedes Opfer brachte. Ja, so ist's«, sprach sie leidenschaftlich weiter, »meine Liebe habt Ihr angefacht, dann meine Hand verschmäht, – Euer Weib habt Ihr verstoßen vom häuslichen Herde und sie in Armut zurückgelassen, – Eure Mutter musste um Euch ihr Leben in Sorgen hinschleppen und in Dürftigkeit enden – und die fromme Katharina, deren Herz Ihr in sündhafter Liebe entflammtet, klagt als Nonne Euch an –«

»Halt ein, Weib!«, rief Gutenberg entrüstet. »Nicht weiter berühre dein sündiger Hauch das Heilige! Du bist ja gerächt für das Leid, das ich schuldlos dir zugefügt – gerächt durch dein Bündnis mit meinen Feinden. Was willst du noch mehr? O, nun will mir alles klar werden. – Du sandtest deinen Mann und Johann zu mir, auf dass ich in ihren Schlingen ersticke, und sie mein heilig Werk an sich reißen sollten – meine Erfindung die ihre nennen. Allein dieser Triumph wird nicht ihnen, nicht dir zu Teil! Ihr täuschet euch. Was ich geschafft, man kann es mir rauben – und es geschieht – ich zweifle nicht mehr daran, – aber was hier im Kopf und Herzen seinen Sitz hat, entreißt mir keine Macht der Erde, und Gottes Gerechtigkeit wird einst die Wahrheit von der Lüge sondern. In meiner Erfindung selbst, und mögen sie dieselbe sich jetzt auch aneignen, liegt die Bürgschaft meiner Zukunft und mein Heil, sei dieses auch noch so fern. Mein heilig Eigentum bleibt alles hier, mag Fust und Schöffer auch darüber schalten; mein Werk ist es doch! Und nun geht und freut Euch dessen, was Ihr getan, wozu Ihr geholfen, Ihr, Margarethe, die Freundin meiner Kindheit, die liebe Gespielin so glücklicher, so schuldloser Tage.«

»Habt Ihr sie nicht zuerst vergessen – so schmählich vergessen?«, stieß sie mit Anstrengung hervor.

Ihr Trotz, ihr Hochmut, ihre Rachsucht drohten sie zu verlassen bei seinem Anblicke, unter der Macht seines Wortes, bei dem Strahle seines Auges.

»Lasst uns darüber nicht rechten«, sprach er ruhig. »Und wohl Euch, ist Euer Inneres so schuldlos wie das meine. Eure Vorwürfe treffen mich nicht. Gott mag einst zwischen mir und Euch richten.«

»Ihr seid noch immer so stolz, so lieb- und herzlos!«, brachte sie mühsam hervor und verließ dann rasch, ohne Gruß, die Werkstätte.

Sie ging hinüber über den Hof zu Fusts Weib und Tochter, die ein gutes Mahl bereit hielten zur Ehre des gewonnenen Prozesses, dessen Ausgang ihnen eine ziemlich wohl verbürgte Sache war.

Nachdem Margarethe Gutenberg verlassen, rief er Albert und Gertrud zu sich und schloss die Werkstätte ab. Das junge Mädchen war totenbleich geworden und musste sich an Albert stützen. Der Blick, den sie in das Herz eines stolzen, leidenschaftlichen Weibes getan, hatte ihre unschuldige Seele namenlos erschreckt. Ängstlich forschend sah sie ihn an, den das auf schlimme Irrwege geratene Gefühl Margarethens verfolgte, doch bei Gutenberg zeigte sich keine Nachwirkung dieser Szene. Mit ernster Ruhe nahm er Pfisters Hand und sagte:

»Mein Schaffen hier ist zu Ende. Willst du ferner dein Geschick an diese Werkstätte knüpfen, so sage es offen. Sie werden dich gern behalten.«

»Nimmermehr!«, unterbrach ihn Albert. »Eher sterben, als ihnen dienen, die Euch so schändlich verraten – ja, eher diese liebe Hand nie erringen, als hier durch ihre Gunst.«

»Nein, nein«, bestätigte Gertrud. »Nimmermehr könnte ja dann des Himmels Segen mit uns sein.«

»Er ruht auf Euch, und auch der meine«, sagte Gutenberg weich, – und nach einer kleinen Pause fuhr er fort: »Mein Unglück soll nicht das eure nach sich ziehen, so wenig, als die Bosheit meiner Feinde mir alles entreißen wird. Knie nieder, wackerer Geselle, und höre: So wie du einst hier an dieser Stelle den Schwur der Treue und Verschwiegenheit in meine Hand niederlegtest, entbinde ich dich jetzt kraft meines Rechtes dieses Eides. Gott der Allmächtige hört es und möge mit dir sein! Ziehe hin in die Welt und übe aus, was du hier erlernt. Versuche in deiner Vaterstadt eine Druckerei, und sei sie noch so klein, zu gründen. Erlebe ich es, dass du mir einst ein gedrucktes Werk bringst, so heiße ich dich als Bruder willkommen und drücke dich als Freund, als Sohn an mein Herz, und Gertruds Liebe mag dir dann lohnen.«

»O Himmel, so beglückst du noch andere in deinem schweren Leid!«, rief das junge Mädchen voll hoher Rührung und sank neben Albert auf die Knie.

»Gott sei mit Euch beiden!«, sprach Gutenberg, indem er die Hände segnend auf sie legte, dann zog er sie empor an sein Herz, vereinte ihre Hände und fuhr in heitererem

Tone fort, während er ein Kästchen, das in der Presse verborgen war, herausholte und es Albert übergab: »Damit du nicht ganz ohne Wandergabe scheiden musst, nimm dieses, Albert. Ich schenke es dir, es ist mein Eigentum und erst in letzter Zeit von mir verfertigt worden. Die besten Alphabete, die ich gegossen, nebst den Matrizen dazu. Es werde dir ein kleiner Anhaltspunkt – knüpfe daran weiter fort, bis du errungen, nach dem Herz und Seele dir stehen, und ziehe mit Gott. Gertruds Glück ruht in dir, wie meine Hoffnung, dass zunächst durch dich ein boshaft Werk durchkreuzt wird, und ein Teil von dem, was Habgier und Egoismus fest umklammern wollen, mit dir von hinnen flieht.«

»Nur mit einem gedruckten Buche oder nie seht Ihr mich wieder!«, rief Albert, umfasste dann Gertrud, sie heiß und innig küssend, reichte Gutenberg die Hand, nahm sein Geschenk und wollte gehen.

»Bleibe bei mir, bis du sicher die Stadt verlassen kannst«, sagte Gutenberg, ihn zurückhaltend. »In meinem Stammhause, denke ich, wird wohl noch eine Kammer zu finden sein, die uns aufnimmt und dich bis zur Abendstunde birgt. Doch komme jetzt schnell von hier fort; – sie sollen uns nicht mehr finden.«

Als Fust und Schöffer mit Jakob freudestrahlend ob des so leicht gewonnenen Prozesses in den Hof zum Jungen kamen, hatte eben Gutenberg mit Pfister und Gertrud ihn verlassen. Misstrauisch untersuchten Fust und Schöffer die Werkstätte, vermissten jedoch das wichtige Geschenk nicht, das Gutenberg Albert gegeben. Sein unermüdlicher Fleiß hatte, was der Kasten enthielt, in nächtlichen Stunden gefertigt und war ihnen unbekannt geblieben. Sie fanden deshalb auch nicht nötig, Gutenberg nachzuspüren, und da die Gesellen alle abwesend waren, fiel ihnen Pfisters Entfernung nicht auf. Als sie am andern Tage nach dem Gesellen forschten, hatte er längst die Stadt verlassen und eilte mit seinem Schatze Bamberg zu.

Gutenberg bezog die Kammer, in der er einst als Knabe gearbeitet. Kaum konnte er diesen kleinen Raum in seinem mütterlichen Stammhause sich aneignen, da Hennel in seinem praktischen Sinne alle Räume sehr ökonomisch vermietet hatte. Umsonst bot er Gutenberg einen Aufenthalt in seinem Hause an und selbst Gertruds Bitten fruchteten nichts. Eine völlige Abgeschlossenheit tat ihm jetzt vor allem Not, um nach diesem Sturme sich selbst ganz wiederzufinden.

# 6

Die Teilnahme, welche Gutenberg in die Dachkammer seines Stammhauses nachfolgte, war eine verschiedene; da jedoch die Partei der einflussreichen Fustschen Familie die überwiegende war, konnte die Ansicht zu des Erfinders Gunsten nicht die Oberhand gewinnen. Sie verstummte auch bald wieder, und selbst der entschiedenere günstige Anteil an seiner Person beschränkte sich vorerst noch aufs Zuwarten. Noch war kein bedeutendes Werk aus der Druckerei hervorgegangen, das die großen Ausgaben, welche durch den Prozess bekannt geworden, gerechtfertigt hätte. Ein solches sollte erst den Beweis liefern, wie viel bei der neuen Kunst in vernünftiger Weise zu riskieren wäre, und ob man wohl dem verarmten Erfinder hilfreiche Hand reichen könne. Allgemein war die Spannung auf das zu erwartende Werk, von dem gar Wunderbares, doch nichts Positives verlautete. Der Schwur, der die Zunge aller band, die damit beschäftiget waren, verhinderte jede genauere Erforschung und machte die Sache rätselhaft und geheimnisvoll.

Dies möglichst zu steigern, lag im Interesse Fusts und Schöffers, die hauptsächlich darauf dachten, den höchsten Preis für das erste große gedruckte Werk zu erzielen. Auch Gutenbergs Ansicht war es gewesen, erst mit dem vollendeten Werke selbst die Erfindung und ihre ganze Bedeutung der Welt vor Augen zu führen; doch nicht um kleinlichen Vorteils willen wollte er es so, ihm lag hauptsächlich nur daran, in würdiger Weise eine so große, in alles Leben so tief eingreifende Kunst mit ihrer ersten bedeutsamen Erscheinung der Menschheit zu übergeben.

Fust und Schöffer hingen am persönlichen Gewinn, den ihnen die Erfindung des Bücherdrucks versprach, – Gutenberg an der Größe der weitausschauenden Sache, an ihrer ungeheuren Wichtigkeit für die Welt. Für ihn lag nach seiner Trennung von Fust kein Grund zur Geheimhaltung mehr vor und er hätte mit der ganzen Veröffentlichung des Kunstgeheimnisses sich wohl am besten an Fust und Schöffer rächen können, allein kleinliche Rache war eine Empfindung, welche seine große Seele nicht kannte, – mit Vorsatz andern zu schaden, ihm eine Unmöglichkeit. Das wussten auch die, welche ihn so schändlich misshandelt, und sie wussten noch mehr, wussten, dass er keine Mittel besaß, noch sich welche verschaffen konnte, um selbst wieder seiner Erfindung ein reelles Dasein zu geben. Fast sah die Wünsche seines höchsten Eigennutzes erreicht: die Druckkunst als ein Monopol seiner Familie für undenkbare Zeiten ihr einverleibt. Dass der entflohene Albert Pfister, der als wandernder Briefmaler nach Mainz gekommen war, ihr Rival zu werden strebte, kam weder Fust noch Schöffer in den Sinn, auch kannten sie die Gewissenhaftigkeit des jungen Mannes genug, um überzeugt zu sein, er werde den Eid des Schweigens unverbrüchlich hatten. Welches innere Liebesband ihn an den Erfinder fesselte, ahnten sie nicht entfernt und dachten umso weniger daran, dass dieser ihn seines Schwures, wie es ihm zustand, entbunden haben könne, da er bis zum letzten Augenblicke, auf sein Recht vertrauend, an seinen Sieg geglaubt hatte.

So gaben sie sich ohne alle Besorgnis wegen irgendeiner baldigen Konkurrenz der Freude hin, die alleinigen Betreiber des vielversprechenden Geschäftes zu sein. Sie beschleunigten die Vollendung des Bibeldruckes auf alle mögliche Weise, um bald zu neuen und schöneren Drucken zu schreiten. Allein das Ausmalen und Verzieren des Buches erforderte noch längere Zeit, obgleich schon während des Druckes damit begonnen worden. Die großen Anfangsbuchstaben wurden mit zierlichen Schriftzügen verziert und in blau und rot gemalt, was, da es mit der Feder geschehen musste, viel Mühe und Zeit kostete. Auch mussten die Rubriken, Summarien und Blattzahlen eingeschrieben werden, und auch der Einband erforderte noch eine besondere Sorgfalt. Schöffer half auch hiebei. Durch seine frühere Beschäftigung darin bewandert, Bücher mit kleinen Malereien, Initialen und Schreiberzügen zu verschönern, zeigte er auch jetzt in reichhaltigster Weise seinen Geschmack und seine Geschicklichkeit und verband damit einen enormen Fleiß. Mit Hilfe eines geistlichen Herrn, des Kaplan Cremer von St. Stephan, bemühte er sich aufs Angelegentlichste, die erste gedruckte Bibel auch mit diesen Nebendingen aufs Beste auszustatten.

Während Schöffer nun im Eifer seiner Arbeiten und dem Verlangen seines Ehrgeizes den Erfinder fast ganz vergaß, Fust mit seiner Habgier die Stimme seines Gewissens, die ihn zuweilen an den Misshandelten mahnen wollte, zum Schweigen brachte, und Margarethe sich anstrengte, ihren Groll und Hass gegen ihn aufrecht zu erhalten, brachte er seine Tage in der Kammer zu, in der er einst frohe Stunden seines kindlichen Strebens, seiner heiteren und sorglosen Jugend verlebt hatte. War auch sein Geist noch ungebeugt, seine Kraft keineswegs durch das harte Schicksal der letzten Tage gebrochen, so hatte es ihn doch in einen düstern Ernst versenkt, der ihn unfähig machte, mit Menschen zu verkehren. Raubten sie ihm doch alles, – nicht eins der gedruckten Bücher blieb sein Eigentum, – die Bibel, sein hehres, schönes Werk, er sollte sie nicht in ihrer ganzen Vollendung schauen – sein höchstes Kleinod gehörte ihnen jetzt – ihnen ganz allein. Von dem schönen Werke, an dem er Jahre lang gearbeitet, ja sein ganzes Leben lang danach gestrebt, wurde ihm nicht ein Exemplar – nicht eines, das er hätte Katharina bringen können, der lieben Seelenfreundin, die er nun seit zehn Jahren nicht mehr gesehen. Wie oft hatte er den schönen Moment ersehnt, in dem er vor sie hintreten konnte und ihr sagen: da nimm es hin, geliebte Schwester, das heilige Buch. Es bezeuge dir, dass du mit Recht an mich und meine höhere Bestimmung glaubtest. Nun war alles das Eigentum anderer. Von diesen und ähnlichen Gedanken niedergedrückt, war die erste Zeit nach seiner Trennung von Fust ein harter Kampf seiner inneren Kraft mit seinem schweren Geschick und eine völlige Abgeschlossenheit ihm am wohltätigsten.

Außer Lorenz, dem treuen Diener, der ihn bald hier aufgespürt hatte und nicht mehr von ihm wich, und Gertrud, die zuweilen leise hereinkam und schweigend sich an seiner Seite niederließ, durfte niemand seine Kammer betreten. Selbst die Nähe dieser beiden ward ihm mitunter peinlich und dann hieß er sie gehen und schloss seine einsame Kammer ab. Nie lagen die feindlichen Mächte seines Lebens wohl schwerer auf ihm, als eben jetzt, jetzt, wo er trauernd und hilflos an dem Orte sich aufhielt, an dem er als Knabe spielend, voll froher Hoffnungen und schöner Zukunftsträume so oft verweilt und mit kindischen Kunstversuchen den Lebensweg begann, den Bosheit und Eigennutz ihm nächst am Ziele abgeschnitten. Doch wohl auch nie zeigte sich sein Genius größer, als in dem kleinen Raume, dem einzigen, der ihm in seinem Stammhause übrig geblieben: wie er in einer Stunde, wo die Knabenjahre lebendiger vor ihm erstanden, plötzlich aufsprang und nach dem Kasten suchte, den er in jener Zeit hinter dem breiten Rauchfang zu verbergen pflegte, und wie er ihn noch vorfand, ihn hervorzog, den mürbe gewordenen Behälter seiner kleinen Kunstversuche und weinend vor

Wehmut und Freude über ihn hinstürzte, dann die Arbeiten seiner Kinderjahre herausholte, sie um sich her ausbreitete und eifrig an ihnen zu verbessern begann, und wie dabei aus den unförmlichen Stücken einzelne Buchstaben wurden und ihr Anblick ihn fast ebenso erfreute, wie einst, als der erste Gedanke daran seine Hand leitete, und seine Stirne sich dabei immer mehr aufklärte, der trübe Ernst seinem Gesichte entwich, ein heller Hoffnungsstrahl sein Auges belebte und er ausrief: »Auf, Gutenberg, zu neuer Arbeit! Noch ist Lebensmark in deinen Sehnen und der Geist lebendig in dir!«

Mit neuer Kraft an die Arbeit zu gehen, und sei es auch, sie vom Kleinsten wieder zu beginnen, war der feste Entschluss, der seinen Geist zur alten Höhe führte, seinen Mut stählte und das unbegrenzte Gottvertrauen, welches ihm bisher so riesige Ausdauer verliehen, in seiner ganzen demutsvollen und doch so gewaltigen Macht wieder in sein Inneres einkehrte. Nur aus dieser wunderbaren Seelenstärke konnte auch die Hoffnung des Gelingens ihm wieder hervorgehen, denn nirgends zeigte sich Hilfe und selbst die kleinsten Mittel fehlten ihm zu dem möglichen Wiederbeginn einer Sache, die ihn mehr als sein ganzes Vermögen und ein ganzes langes Leben gekostet. Doch der Druck, der seinen Geist niedergehalten, war von ihm gewichen, es verlangte ihn unwiderstehlich nach der lieben Arbeit, und da ihm im Augenblicke nichts anderes zu Gebote stand, fuhr er fort, aus den Werken seiner Kinderhand Lettern zu schnitzeln und Schriftzüge in Holztafeln einzuschneiden.

Bei dieser Beschäftigung fand ihn Gertrud.

Der Abend war angebrochen Ein Lämpchen erhellte sehr bescheiden die kleine Kammer und den großen Erfinder, der einsam hier weilte und sich bei dem schwachen Lichtschimmer abmühte, die Anfänge seiner Kunst, die er längst als ungenügend beiseitegelegt, in vollkommenerer Weise zu produzieren. Das junge Mädchen, das rasch eingetreten war, schien sehr aufgeregt, denn ohne Gruß kam sie aus ihn zu, legte den Arm um seinen Nacken und sprach in ängstlicher Hast:

»Ich muss dir etwas mitteilen – auch wenn es dich kränkt – wissen musst du's. Die Hochmütigen, die dir alles geraubt, feiern heute Abend ein Fest in des Goldschmieds Haus da drüben, du wirst sie hören von deiner einsamen, armen Kammer aus, wie sie singen und jubeln, – du, dem allein alle Ehre gehört.«

»Was hast du, Kind? Was gibt es?«, fragte Gutenberg, die Arbeit aus der Hand legend.

»Was es gibt? Ach, ich musste es ja mit ansehen – kam gerade dazu, als sie in feierlichem, von Fackeln beleuchtetem Zuge durch die Straßen zogen. Voran die Musikanten und die Meistersänger, dann, von dem ersten Gesellen getragen, kam dein Werk, dein heilig Werk, die erste ganz fertige Bibel. Sie lag auf einem purpurroten Kissen und war bedeckt mit einem goldgestickten Tuche. Man sah nur die Form des Buches; enthüllt wird es erst im Hause des Goldschmieds werden, wohin viele zu dieser Feier geladen sind.«

»Und wessen Eigentum soll das Buch werden?«, fragte Gutenberg gespannt.

»Margarethe gehört es!«, stieß Gertrud hervor und erbleichte.

»Ihr! Ihr! Dein Eigentum, Katharina!«, rief Gutenberg bebend.

»Ja, sie, das stolze Weib, begehrte es und prunkend, wie sie selbst, wird ihr die große Gabe dargebracht. Hinter dem Kissen, auf dem das Buch lag, schritten Fust und Schöffer und der stolze Goldschmied, in ihrer Mitte der Kaplan von St. Stephan, dann folgten noch andere Verwandte mit Fusts Weib und Tochter; – die Arbeiter der Druckerei schlossen den Zug.«

»Und eben, sagst du, zogen sie in des Goldschmieds Haus?«

»Sie werden jetzt dort angelangt sein. Ich konnte den hoffärtigen Prunk mit deinem Gute nicht länger ansehen und eilte hieher zu dir.«

Sie wollte sich an ihn anschmiegen, um mit ihrer Liebe ihn zu trösten, doch er drängte sie zurück Sein Auge flammte und ein hoher Entschluss schien in ihm zu reifen. Von dem Nachbarhause her drang jetzt lauter Jubel.

»Dein Kleinod ist dort!«, klagte Gertrud und presste krampfhaft fest die Hände auf das bang klopfende Herz, als müsse sie es halten, dass es nicht vor Schmerz und Leid zerspringe. Doch Gutenberg richtete sich bei diesen Klängen groß empor und die Hand wie zum Schwure erhebend, sprach er:

»Nein – nimmermehr werde so dein Eigentum entweiht, Katharina! Wie ich es einst dir versprochen, und feierlich gelobt, als ich von Straßburg schied, so werde es! Gott helfe mir dazu!«

»Was willst du beginnen?«, fragte Gertrud erbangend.

Sie erhielt keine Antwort. Schon hatte er die Kammer verlassen, und allein, von Angst und Sorge erfasst, blieb sie zurück. Wenige Schritte von Gutenbergs ärmlichem Aufenthaltsorte entfernt, prangte das Haus des Goldschmieds in hellem Lichterglanze. Viele angesehene Leute der Stadt waren zur Feier der Vollendung des ersten- großen Druckwerkes, das aus der Fust- und Schöfferschen Offizin hervorging, geladen. Margarethe hatte das ganze Haus auf das Festlichste hergerichtet. In dem größten Gemache stand eine lange Tafel, mit blendend weißem Tuche bedeckt und von kostbaren Gerätschaften gefüllt. In ihrer Mitte prunkte das rote Kissen mit dem verhüllten Buche. Davor stand der

Kaplan von St. Stephan im Kirchenornate, neben ihm Margarethe in pomphaftem Schmucke und etwas zurück ihr Mann, Fust und Schöffer mit ihren Frauen und noch einigen andern Verwandten. Um den Tisch her reihten sich die Gäste und in den anstoßenden Gemächern erblickte man die Arbeiter der Druckerei und der Goldschmiedswerkstätte. Als alles so geordnet, folgte eine feierliche Stille. Der Geistliche hielt jetzt eine Rede, worin er die herrliche Kunst des Bücherdruckes pries, doch ihres Erfinders nicht gedachte. Am Schlusse erwähnte er Fust und Schöffer und machte auf die großen Verdienste derselben um die Druckkunst aufmerksam, – tat dies jedoch mit einer Befangenheit, als ob es ihn Mühe koste, nur sie und nicht auch Gutenberg zu nennen. Dann langte er nach dem goldgestickten Tuche, es von dem Buche zu lösen, um den Segen Gottes darüber auszusprechen und es dann Margarethe als Eigentum zu überreichen. Doch noch ehe er die Decke emporgehoben, legte sich mit unwiderstehlicher Macht eine Hand darauf und Gutenberg stand bleich, doch mit stammenden Augen, gleich einem rächenden Engel, der gekommen, zu richten und zu strafen, vor seinem Werke und sprach mit feierlich gehobener Stimme:

»Mein ist das Buch – und nimmermehr werde es hier enthüllt. Unentweiht von euren unheiligen Blicken, unangetastet von Eurer Hand, Margarethe, trage ich es seiner heiligen Bestimmung entgegen.«

Er nahm das Buch auf und es fest in die Decke hüllend, trug er es mit sich fort, ehe das tiefe Erstaunen der Umstehenden gewichen war.

Wie von höherer Macht beschützt und getragen stand er nach wenigen Minuten vor dem Kloster, in welchem Katharina weilte; und klopfte an seiner Pforte an. Man ließ ihn ein, da die Nonne, die er zu sprechen verlangte, seine Nichte war und er sagte, dass er ihr ein heiliges Vermächtnis zu übergeben habe. Nach kurzer Frist erschien Katharina hinter dem Gitter des Sprachzimmers. Ihr Äußeres hatte sich trotz der langen Jahre nur wenig verändert. Das klösterliche Gewand umhüllte kaum etwas mehr ihre schlanke Gestalt, als es ihr früheres Gewand getan, nur sah aus dem dunklen Schleier das zarte Antlitz noch bleicher hervor, als einst aus dem weißen, duftigen Tuche. So stand sie da, bleich und regungslos, als sie ihn erblickte, den einst so heiß geliebten Freund, und nichts verriet ihre innere Bewegung. Leise begrüßte sie ihn mit einem »Gelobt sei Jesus Christus!«

»In Ewigkeit, fromme Schwester!«, gab er gedämpft zur Antwort.

»So kommst du endlich!«, sprach sie nach einer schweren Pause weiter. »Kommst, um mir dein vollendet Werk zu zeigen.«

»Dir es zu bringen, Katharina, wie ich's gelobt«, erwiderte er·wärmer.

»O Dank – Dank dem Ewigen!«, sprach sie lauter und warf einen langen Blick auf ihn und das Buch, das unverhüllt in seinem Arme lag.

»Nimm es hin, Katharina, heilige Schwester. Es ist dir geweiht«, sagte er innig und hielt es ihr entgegen.

Auf den leichten Druck ihrer Hand wich eine Stelle des Gitters zurück und er gab ihr das eroberte Eigentum. Wie er es noch hielt und sie es fasste, fielen ein paar große Tränen darauf, die sich vereinten. Die Nonne sah empor und ihr blauer Himmelsblick hing sich forschend an sein schmerzlich bewegtes Angesicht.

»Mein Freund«, sprach sie kaum hörbar, und doch klang ihre Stimme jetzt so hold, wie einst: »was trauerst du? Hast du denn nicht das Höchste erreicht, nach dem dein Geist strebte? Und sieht mein Auge denn nicht darauf? Welche Freude ist dieser gleich? Nur eine schönere gibt es noch für mich: wenn der Himmel sich mir öffnet und dort in der Heimat der Seligen Katharina dich wiederfindet. Bis dahin lebe wohl und Gott sei immerdar mit dir!«

Sie machte das Zeichen des Kreuzes gegen ihn, presste dann sein Geschenk fest an die Brust, und – schlich leise von hinnen.

»Leb wohl! Lebe wohl!«, sprach er ihr wehmütig nach und eilte dann fort, seiner Kammer zu, wo er Gertrud noch fand.

Sie hatte drüben in Fusts Hause eine auffallende Bewegung bemerkt und ahnend, dass er hinüber gegangen, blieb sie aus Sorge um ihn hier, sehnlichst auf seine Rückkehr harrend – und er kam so ewig lange nicht wieder. Da endlich, endlich trat er ein, und ein hoher Friede lag in seinem ernsten Angesicht. Sie wagte nicht, ihn zu befragen, wo er gewesen, auch fühlte sie sich ganz beruhigt, als sie ihn so wiedersah.

»Gehe jetzt nach Hause; es ist schon spät. Gott lohne dir für deine Liebe – lohne es dir einst in Albert!«, mahnte er sanft und küsste ihre helle Stirne.

»Dein Glaube an ihn steht unerschütterlich fest, wie der meine! Wie mich dies beglückt!«, erwiderte sie und eine Träne trat in ihr freundliches Auge.

»So ist's, liebes Kind. Dein Leben wird einst gut geborgen bei ihm sein. Doch nun, gute Nacht! Schlafe ruhig und ein Engel wache an deinem Lager, – er führe dir ein holdes Traumbild vor.«

»Von ihm, von ihm!«, rief ihr Herz – und viel heiterer, als sie gekommen, verließ sie die Kammer. Als sie jedoch auf die Straße gelangte, wurde sie peinlich berührt durch das Gespräch einer Magd, das im Vorübergehen an ihr Ohr drang. »Meine Frau«, hörte sie die Dienerin sagen, »ist plötzlich schwer erkrankt; mit dem schönen Feste war's vorbei, wie er erschien, die Gesellen sagen, es sei sein Geist gewesen, oder der Böse müsse mit ihm gegangen sein, sonst wäre er nicht so davongekommen, und auch die Frau Fustin wäre nicht plötzlich von so schwerem Übel befallen worden. Kaum war er mit dem Buche fort, als sie zusammenstürzte, einer Leiche ähnlich und statt Lust, Schmaus und Becherklang ruft man jetzt alle Doktoren der Stadt zusammen und Wehklagen erschallen durch das geschmückte Haus.«

»O, o, Gott ist gerecht!«, löste es sich von Gertruds Brust, – und sie eilte davon, nach Hause, in ihr Kämmerlein und legte sich dort nieder. Allein kein Schlaf wollte in ihre Augen kommen, kein Engel sie ihr zudrücken und mit schönen Träumen sie erfreuen. Wirre Bilder aus des Goldschmieds Haus – Gutenbergs Geist – das stolze Weib vor seiner höheren Macht zusammenstürzend – das gestörte Fest – all das bewegte sich in ängstlichen Gestaltungen vor ihren halbgeschlossenen Augen und fieberhaft glühten ihr Stirn und Wangen. Erst gegen Morgen besiegte der Schlaf die ausgeregten Gedanken, und als der Tag anbrach und die Schlummernde beleuchtete, umspielte ein gar süßes Lächeln ihren rosigen Mund, und als sie erwachte geschah es mit dem Ausrufe: »Albert, geliebter Albert!« Es war schon spät; die gute Mutter hatte sie nicht geweckt, da sie am vorigen Abende ihr Auge so trübe sah, und von dem Grundsatze ausging, dass ein guter Schlaf alle Leiden der Jugend heile. Dies schien sich nun auch an Gertrud zu bewähren, denn als sie herabkam, sah sie so frisch und gesund aus, wie eine eben erschlossene Rose, und ihr Auge glänzte so hell wie der Himmel, der heute wolkenlos auf die Erde nieder sah.

Rührig und behände ging sie, wie immer, an ihre Tagesgeschäfte, und es war ihr gerade, als ob etwas absonderlich Gutes ihr heute wiederfahren müsse. Als es jedoch Mittag wurde, und sich noch immer gar nichts Außergewöhnliches ereignen wollte, trat sie etwas ungeduldig darob an das Fenster, öffnete es und spähte hinaus, gleichsam, als müsse sie draußen entdecken, was ihr im Hause nicht geschah. Und siehe da, wie sie so die Gasse hinaus spähte, da kamen zwei Männer um die Ecke und schritten ihrem Hause zu. Der eine war Gutenberg – der liebe Vetter – der seit seiner Trennung von Fust nicht mehr bei ihnen eingekehrt war.

»Er kommt zu uns«, rief sie ihrer Schwester zu. »Wahrlich, Susanne, er ist's.«

»Wer?«, fragte diese neugierig und trat hinzu.

»Wer anders, als Gutenberg, unser armer, lieber Vetter. Doch sage, wer ist denn bei ihm?«

»Das ist ja der Stadtsyndikus Hummerey. Kennst du ihn denn nicht?«

»Wie aber kommt der zu Gutenberg – und mit ihm zu uns?«

»Er befragte sich bei dem Vater schon einige Mal nach dem Vetter.«

»So – und weshalb?«

Es klopfte an – und Gutenberg, von dem Stadtsyndikus Hummerey begleitet, einem vermögenden und angesehenen Manne, trat ein. Sie fragten nach Hennel, und bald war dieser zur Stelle. Der Syndikus, durch das Unrecht des Fustschen Prozesses für Gutenberg eingenommen, ging schon seit der Zeit mit dem Gedanken um, dem misshandelten Erfinder der Druckkunst zu helfen. Er wollte jedoch erst die ganze Sache genauer in Augenschein nehmen, was ihm aber weder Fust noch Schöffer gestatteten, obgleich er mit der Fustschen Familie auf gutem Fuße stand. Da es schwer war, sich Gutenberg in dieser Zeit zu nahen, beschloss er, erst das Erscheinen der Bibel abzuwarten, und wenn ihm das gedruckte Werk genüge, Gutenberg zu ermuntern, eine neue Druckerei einzurichten. Er befand sich am gestrigen

Abende unter den Gästen in Fusts Haus und wohnte dem Auftritte bei, in dem Gutenberg wie ein Sieger sein rechtmäßig erbeutetes Eigentum davontrug, und sich das böse Gewissen in den erbleichenden Gesichtern der am nächsten dabei Beteiligten so deutlich zeigte.

Die ungeheure Ungerechtigkeit gegen den Erfinder, wie die ungeheure Bedeutung der Erfindung selbst, stand plötzlich in ihrer ganzen Größe vor ihm und er schied von dem gestörten Feste mit dem festen Vorsatze, am andern Tage schon Gutenberg aufzusuchen und um jeden Preis ihn zu neuer Arbeit zu ermutigen. Er fand ihn in seiner Kammer zufrieden, ja heiter sogar und voll Zuversicht auf die Zukunft. In recht freundlicher Weise bot er ihm seine Hilfe an, und nachdem sie eine Weile über die nächsten Schritte hin und her gesprochen, machte Gutenberg den Vorschlag, bei seinem Verwandten, Hennel, dem Alten, eine Übereinkunft abzuschließen. Zu diesem Zwecke waren sie nun da, und da Hummerey ein verständiger Mann war und edlen Sinn besaß, waren die Bedingungen bald festgestellt Gutenberg musste ihm zwar auch die Druckgerätschaften als Pfand verschreiben, doch sollte alles gedruckte Werk sein eigen sein, mit dessen Ertrag er seine Schuld an Hummerey nach und nach abtragen konnte.

Hummerey war in der ganzen Stadt als ein braver, rechtlicher Mann bekannt und nicht zu fürchten, dass er je wie Fust an Gutenberg handeln könne. Er wollte, Gutenberg solle in seinem Hause die neue Druckerei errichten, doch in diesen Vorschlag ging Gutenberg nur für einige Zeit ein, nur so lange, bis Raum im Hofe zum Gutenberg gefunden wäre. Dort, in seinem mütterlichen Stammhause, wollte er fortan arbeiten, dort, so war es ihm, müsse der mütterliche Segen doppelt daraus ruhen.

Gutenberg begann das schwere Werk nun noch einmal und fast ebenso mühevoll, wie beim ersten Anfange, denn da Hummerey nicht allzu viel und vorsichtig gab, war er vorerst darauf angewiesen, alles selbst anzufertigen. So schwer dies nun auch war, ging er doch mit freudigem Mute daran, und wie von immer her fand ihn auch jetzt der kaum beginnende Morgen wie der späte Abend an der Arbeit, und wie in den Zeiten seines Suchens und Forschens erlag auch jetzt seine Geduld nicht bei dem gar langsamen Fortgange einer Sache, die er nun nicht mehr zu ergründen, nur zu vollenden hatte und die er bereits vollendet in den Händen anderer hatte lassen müssen.

Indessen er die schwere Bahn, mit der Sicherheit des Gelingens zwar, aber fast ebenso mühsam wie einst, von neuem begann, nahm die Fust-Schöffersche Druckerei einen schnellen Fortgang. Fust hatte das Geschäft aus dem Hofe zum Jungen in sein neuerworbenes Haus, zum Humprecht, versetzt, das nun auch das Druckhaus genannt wurde und diesen Namen bis in die neueren Zeiten behielt. Im Besitze aller vorhandenen Druckgerätschaften und aller Gutenbergschen Typen, mit denen die Bibel gedruckt worden, sowie einer großen Anzahl neuer, nach Schöffers Methode gegossenen Lettern brachten sie schon achtzehn Monate nach der Trennung von Gutenberg ein Werk zu Stande, dessen Schönheit, Genauigkeit und Pracht als ein herrliches Produkt der kaum ins Leben getretenen Kunst angestaunt wurde und noch heutzutage die Bewunderung der Kenner erregt. Das berühmte Psalterium auf Pergament gedruckt, und mit mehr als dreihundert großen Anfangsbuchstaben geschmückt, deren Verzierungen kunstreich in Holz gestochen und mit verschiedenen Farben gemalt, besonders abgedruckt werden mussten. Ein Werk Schöffers, dessen Scharfsinn und mechanische Geschicklichkeit sich immer mehr entwickelten.

Die beiden reichen Drucker, welche durch den Verkauf der Bibel längst alles Eingesetzte wieder gewonnen, ja verdoppelt hatten, und die im Besitze aller Mittel und technischen Kenntnisse waren, mussten natürlich den armen Erfinder, der in mühsamer Arbeit erst wieder emporglimmen musste, überflügeln. Doch wie früher, so wurde er auch jetzt nicht müde zu arbeiten und bei der Arbeit nach einer höheren Vollkommenheit zu streben, und manches gelang ihm jetzt besser. Besonders wurde auch sein Letternguss ein tauglicherer, und seine Methode näherte sich wesentlich der gelungeneren Schöffers. Wie angestrengt musste er aber arbeiten – er so ganz allein! Wie gerne hätte er nur ein paar hilfreiche Hände gehabt, aber seine Geldmittel reichten dafür nicht aus, und nur seine riesige Ausdauer konnte ihm, dem strebsamen Geiste solch langsamen Weg erträglich machen.

Da kamen eines Tages zwei junge Männer zu ihm und baten ihn um Aufnahme und Arbeit. Sie wollten lernen von ihm und dagegen Zeit und Kräfte einsetzen Da ihr Äußeres und ihre Art zu sprechen und sich zu benehmen auf eine bessere Bildung schließen ließ, besprach er sich mit seinem Gönner Hummerey darüber und führte sie darauf nach einem heiligen Eide, mit dem sie sich verpflichteten, das Kunstgeheimnis zu wahren, und eine längere Reihe von Jahren Gutenberg treu zu dienen, in seine Werkstätte ein.

Der eine der jungen Männer war den Rhein herab von Straßburg gekommen, der andere rheinaufwärts von Köln. Beide trieb das Verlangen, die Druckkunst zu erlernen, nach Mainz. Sie trafen sich an der Fustschen Offizin wo man sie zurückwies, und der Kölner wollte schon wieder heimwärts kehren, als der Straßburger ihn zurückhielt.

»Guter Kamerad«, sagte er zu ihm. »Lass uns nicht so schnell unser Vorhaben aufgeben. Es lebt ein Mann in dieser Stadt, der mehr weiß, als die Hoffärtigen, die uns zurückgewiesen, den wollen wir erst aufsuchen, ehe wir wieder heimwärts ziehen.«

»Erkläre dich deutlicher«, erwiderte der Kölner. »Ist doch nur eine Buchdruckerei in Mainz, überhaupt in der Welt. Wo also sollten wir drucken lernen können, wenn nicht in der Fustschen Offizin?«

»Bei dem Erfinder der Kunst wäre die Sache wohl am gründlichsten zu studieren«, meinte der Straßburger.

»Wo finden wir den, wenn nicht bei Fust und Schöffer?« wandte der Kölner ein.

»Lass uns ihn suchen, doch höre erst. Zu der Zeit, wo ich noch ein Knabe war, lebte ein Mainzer Junkherr in Straßburg und trieb allerlei Künste allda, die darauf hinzielten, Bücher zu drucken. Wie es ihm dort erging, weiß ich nicht recht, nur so viel ist mir gewiss, dass in meiner Mutter Haus eine kleine Kiste mit Holzklötzchen, worauf ausgeschnitzte Buchstaben, sich befand; es gehörte einem verstorbenen Vetter von mir, und rührte von dem Mainzer Junkherr her. Wir aber wussten nicht, was die kleinen Dinger bedeuten sollten. Da, als vor einiger Zeit aus einmal so viel Wunderbares von dem Bücherdrucke zu Mainz verlautete, sprach meine Mutter zu mir: du heißt Mentelin wie dein verstorbener Bruder und besitzest seinen hellen Kopf; er ging mit dem Gedanken des Bücherdruckes um, und von dem Manne, der in Mainz diese Kunst ausüben soll, sind die Buchstaben, die er uns hinterlassen hat. – Gab er sie ihm selbst? fragte ich neugierig – da erfuhr ich denn, was meinem Bruder nicht zu besonderer Ehre gereicht – drum mag's vergessen sein. Aber was meine Mutter mir noch von dem Tun des Mainzer Herrn erzählte und der Presse, die schon in Straßburg erfunden worden, und im Hause des Andreas Dritzehn aufgestellt war, ließ mich immer und immer wieder die kleinen Buchstaben betrachten, und es ärgerte mich, dass er nicht, der sie gemacht, seine große Erfindung in meiner Vaterstadt zu Ende geführt. Meine Mutter, der die Sache gar leicht vorkam, wie das Gewebe ihrer Hand, brauchte nicht viel zu sagen, – ich schnürte mein Bündel, um das, was Straßburg entgangen, ihm zu erringen und so leicht, wie du, Freund Zell, gebe ich meinen Entschluss nicht auf.«

»Du hattest einen Anhaltpunkt, Freund Mentelin, und da du mir ihn offenbart, sollst du erfahren, dass ich gleich dir daran festhalten will. Kannst du einst Straßburg den Bücherdruck als schöne Errungenschaft heim bringen, soll er meiner lieben Vaterstadt Köln durch mich werden.«

Die strebsamen jungen Männer drückten sich hierauf fest die Hände zu treuer Genossenschaft und suchten den einsamen Erfinder auf, dem ihre Hilfe erwünscht kam, und durch den sie ihren edlen Zweck erreichen sollten.

Gutenbergs mühsames Schaffen nahm jetzt einen rascheren Fortgang dennoch blieb es für die wenigen Mittel, die ihn zu Gebot standen und die Verhältnisse der damaligen Zeit eine schwere und langandauernde Arbeit. Doch ging sie unaufhaltsam vorwärts, mit langsamem Schritt zwar, aber doch dem Ziele entgegen, still und unbemerkt, nur wenige wussten darum; und die es wussten, bewahrten es als ein heiliges Geheimnis. Was anfangs in der Stadt darüber verlautete, war in einigen Jahren, in denen kein Zeichen davon in das Leben trat, wieder still geworden, und Fust und Schöffer im Übermute ihres Glückes spotteten der etwaigen Versuche Gutenbergs, der es ihnen ja niemals mehr auch nur entfernt gleich tun konnte. Die wirklich staunenswerten Fortschritte, die sie in so kurzer Zeit in der Druckkunst machten, gab ihnen ein so stolzes Bewusstsein, dass das, was sie auch von anderen möglichen Druckversuchen hörten, sie nur mit Geringschätzung erfüllte. Auch. zeigte sich nirgends ein wirklicher Versuch, in ihre Fußstapfen zu treten. Das Geheimnis der Kunst wurde in ihrer Offizin gut bewahrt, und Gutenberg war in ihren Augen ein verlorener Mann, an Albert Pfister dachten sie nicht. Niemand außer Gertrud und Gutenberg bewahrten in Mainz sein Angedenken – und auch ihnen wurde nur wenig Kunde von ihm. Erst einmal, seit er fortgezogen, hatte Gertrud ein kleines Liebeszeichen von ihm erhalten, doch fest wie auf Gott baute sie dennoch auf seine Liebe und Treue und harrte mit der Ergebung eines sanften Gemütes und all dem unerschütterlichem Vertrauen eines liebenden Herzens seiner Wiederkehr.

Außer Hummerey und Hennel besuchte Gutenberg nur selten jemand in seinem Hause, und seine Werkstätte war stets verschlossen. Niemand beobachtete das stille Treiben darin, noch weniger das sonstige Leben des zurückgezogenen Mannes. Ein Augenpaar allein spähte oft stundenlang doch unbemerkt in den Hof zum Gutenberg hinüber. Margarethe war's, die seit jenem Auftritte in ihrem Hause, bei dem sie ihn in seiner ganzen geistigen Größe wieder gesehen, häufiger als seit langer Zeit wieder in der Stube verweilte, aus der man herüberschauen konnte nach seinem Hause. Seine fast geisterhafte Erscheinung an jenem Abende, der Blick, der sie traf, und seine Worte hatten sie im Innersten erschüttert; in der langen Krankheit, die diesem Ereignisse nachfolgte, ging ihr trotziger, hochfahrender Sinn fast gänzlich dahin, wie auch die lang erhaltene Schönheit ihres Körpers. Schon seit der Zeit, wo sie triumphierend im Hof zum Jungen in seine Werkstätte getreten, wollte der Groll gegen ihn sich in Reue umwandeln, doch ihr Stolz hielt ihn künstlich aufrecht bis zu dem Augenblicke, wo sie von dem reinen Strahl seines Auges mächtig getroffen, ihre ganze Schuld erkannte und darunter zusammenbrach.

Seitdem verließ sein edles Bild sie nicht mehr, seitdem nagte Reue an ihrem Herzen, und sobald sie ihr Unrecht sich bekannt, stand dasselbe auch in seiner ganzen Größe, ja vergrößert vor ihr da, und die irregeleitete Kraft ihrer

Seele erlahmte und damit die Freude an der eitlen Pracht ihres äußeren Lebens. Das Ungewisse, das zu Erreichende hatte sie in gespannter Erwartung gehalten und ihren trotzigen Sinn gereizt, das Erreichte erfreute sie nicht, erschreckte sogar den bessern Teil ihres Wesens, dem der gelungene Plan widersprach; der Schlag, der sie an jenem Abend so gewaltig niederwarf, lag längst vorbereitet in ihr selbst.

Vergangene Tage traten mit ihren Rechten, ihren Erinnerungen wieder lebhaft vor sie hin und mahnten sie an den Gespielen, der ihr als Kind das Leben gerettet, mahnten sie an all die frohen Stunden, die sie mit ihm verlebt, und die Schmach, die er ihr angetan, verlor immer mehr von ihrem herben Stachel, weil sie ihre wahre Gestalt immer deutlicher erkannte, und ihr Trotz sie nicht mehr verhinderte, sich dieses auch offen einzugestehen. Der Kampf und die Qualen ihres Inneren ließen sie nicht mehr gesunden; doch niemand erfuhr darum, und vergebens bemühte sich der Arzt, die Ursache ihres Leidens zu ergründen. – Am liebsten verweilte sie in ihrer abgesonderten Stube. Dort spähte sie hinüber nach dem Hof zum Gutenberg, und wenn sie ihn zufällig einmal erblickte: seine alternde Gestalt in dem verwildertem Gärtlein der toten Mutter, da fand ihr schwer gedrücktes Gemüt einige Erleichterung, und dann konnte sie weinen. Sah sie ihn aber Wochen, Monden lang nicht, mahnte das erwachte Gewissen sie doppelt schwer an ihre Schuld; doch noch immer war der Gedanke ihr unmöglich, ihm den Zustand ihres Inneren zu offenbaren, ihm reuevoll ihre Schuld zu bekennen und seine Verzeihung anzuflehen. Wohl kamen Stunden, wo ihr Herz es so verlangte, aber die lange Gewohnheit eines hoffärtigen Lebens, der lange Sieg, den ihr Stolz über ihre weicheren Empfindungen davongetragen, war nicht so schnell ganz zu überwinden, und es kamen mitunter wieder Stunden, in denen sie beschloss, sich aufzuraffen zu ihrem früheren Leben. Doch die gebeugte Gestalt und das gedrückte Gemüt vermochten es nicht, den trotzigen Vorsatz auszuführen. Kaum entstanden, versank er wieder in sich selbst, und nur selten noch gelang es ihrem Manne, sie bei öffentlichen Gelegenheiten in ihrem früheren stolzen Prunke der Welt vorzuführen

## 7

Indessen in einer der angesehensten Bürgersfamilien des güldenen Mainz die Kunst, welche mit ihrer großen, geistigen Macht bestimmend in das Weltgeschick eingreifen sollte, aus dem egoistischen Interesse ihrer Betreiber rasche Fortschritte machte, und ihr Erfinder in edlem Seelendrange im Stillen daran fortarbeitete, gärten die feindlichen Elemente der Stadt, die ihre Wiege war, im Geheimen fort und bereiteten eine Katastrophe vor, welche der Untergang ihrer Macht werden, zugleich aber der Buchdruckerkunst, die gefesselt in ihren Mauern lag, ihre berechtigte Freiheit geben sollte.

Seit längeren Jahren zwar herrschte eine scheinbare Einigkeit unter den Bürgern der freien Rheinstadt, wozu sich die stolzen Patrizier wie die noch stolzeren Zunftgenossen zählten, und auch mit dem Klerus zeigte sich ein besseres Einvernehmen, allein durch die Ausgleichung dieser Wirren fasste die erzbischöfliche Macht festeren Fuß, denn man hatte ihrer dazu bedurft, und brauchte sie in neuerer Zeit auch häufig zur Schlichtung äußerer Streitigkeiten.

Theoderich, der damalige Erzbischof war ein verständiger und friedliebender Herr und wusste in sanfter Weise nach und nach den erzbischöflichen Stuhl zu einem milden Thron in der demokratischen Stadt umzuwandeln, die seine Residenz, und deren geistlicher Oberhirt er war. Seit einer Reihe von Jahren schon Erzbischof von Mainz wurde Theoderichs Einfluss in die weltlichen Angelegenheiten der Stadt immer bedeutsamer. Da er jedoch klug und einsichtsvoll war und überall zu vermitteln und auszugleichen suchte und dabei auch vieles Gute zustande brachte, gelang es ihm, dasjenige, was störend zwischen den Ansprüchen des Erzbistums und der mächtigen Stadt lag, unmerklich hinweg zu räumen, freilich mehr zum Vorteile seines Stuhles, doch auch ohne einen scheinbaren Nachteil für die Rechte und Freiheiten der Stadt. Er bewies sich sehr besorgt für ihr Wohl wie das Wohl des ganzen Landes, besonders auch dadurch, dass er den Frieden mit den Großen des Reiches möglichst wahrte und Schutz und Trutzbündnisse mit mächtigen Nachbarn schloss, sowohl gegen eindringende Feinde, als gegen das noch immer herrschende Raubritterwesen, das sich mit der abnehmenden Bedeutung des Rittertums in seiner schlimmsten Gestalt zeigte und sich in den brutalsten Handlungen jedem Recht und Gesetz entgegenstellte.

Die freieren Ideen, welche sich in Böhmen gegen die Satzungen der Kirche aufgelehnt und ihre ursprünglich reine Begeisterung mit Strömen Blutes überschwemmt hatten, klangen nur zu oft missverstanden in die rauen Ausläufer der alten Zeit hinein und machten ihren Untergang noch wüster und trauriger, die Wirren dieser Übergangsperiode, besonders in dem politisch zerrissenen Deutschland, noch unheilvoller. Es war, als ob die Missstände der alten Zeit in ihrem Verfalle sich noch einmal im grellsten Lichte zeigen wollten.

Für die besseren Fürsten war es schwer mit Erfolg gegen die Übel der Zeit anzukämpfen und für das Wohl ihrer Untertanen zu sorgen. Es gab dieser Fürsten übrigens auch nur wenige und unter diese konnte man Theoderich, den geistlichen Beherrscher der Mainzer Lande, mit Recht zählen. Was er tat, zeugte von Kraft, friedlichen Sinn und verständiger Einsicht. Wie er alle äußeren

Fehden seinem Lande fern zu halten suchte, bemühte er sich auch, die inneren Angelegenheiten zu ordnen und war besonders auf eine sittliche Hebung der gesunkenen Zustände bedacht. Zu diesem Zwecke scheute er nicht, die Kirchen- und Klosterdisziplin einer offenen Untersuchung zu unterwerfen und die zum Teil tief im Ansehen gesunkenen frommen Stiftungen zu säubern, sie wieder zu heben, und wo dies nicht möglich war, ihren Fonds eine andere Bestimmung anzuweisen. Viele und mit Recht von der öffentlichen Meinung verpönte Klöster ließ er mit einer Strenge richten, die seinen Ernst in dieser Sache bekundete und ihm allgemeine Achtung erwarb.

Unter den der Aufhebung verfallenen frommen Stiftungen befand sich auch die unheilige Klause am Fuße des Johannisberges. Allein ihre Bewohnerinnen, durch einen mehr als hundertjährigen Zeitraum daran gewöhnt, ungestraft nach ihrem Sinne leben zu können, widersetzten sich sogar tatsächlich der Verordnung des Erzbischofs, wiesen die eindringende Gerechtigkeit mit Hohn zurück und verschanzten sich mit heroischem Mute hinter ihren Mauern. Doch der Bannstrahl der Kirche traf sie und ihr Haus, und dieser damals noch sehr mächtige Blitzstrahl brachte die Empörerinnen zur Ruhe, und sie mussten harte Buße tun. Die letzten Nonnen der Klause verließen den Ort, wo sie geheimer Lust statt frommen Wandels obgelegen, und er wurde still, öde und leer – ein verrufenes Haus, vor dem sich der Vorübergehende bekreuzte, da der Volksglaube sogleich allerlei schaurige Gespenstergeschichten daran knüpfte; doch nur eine Spukgestalt lebte noch längere Zeit in diesem verfallenen Heiligtume fort: das Gespenst der wahnsinnigen Nonne, welche einst Gewissensqual aus dem Kloster getrieben. Ihr Geist, so hieß es, musste zurückkehren, um die entweihten Mauern bis zu ihrem Verfalle zu umwandeln. Doch auch dieser Spuk verlor sich im Laufe der Zeit, wie so mancher andere.

Von den Burgen und Klöstern des Rheingaues sind nur noch einzelne Überreste sichtbar, welche von dahingegangenen Dingen erzählen und uns mittelalterliche Sagen aufbewahren, die wie wunderliche Märchen an unser Ohr klingen, doch gar manche Erkenntnis uns erschließen. Doch der sonnige Johannisberg, im Schmucke seiner herrlichen Kultur und der Krone seines freundlichen Schlosses trägt keine Spur des Mittelalters mehr; auch die Klause an seinem Fuße ist nicht mehr erkennbar. Sie hat sich in ein nettes Bauernhaus umgewandelt, unter dem längst die Spukgestalt der wahnsinnigen Nonne begraben liegt. Giselas Angedenken ist gänzlich an dem Orte verwischt, wo Sünde und Wahn ihr unschuldiges Leben zerstörten, wie dort, wo ihr Grab zum Wallfahrtsorte geworden. Dagegen lebt der holde Geist des Burgfräuleins, das der Liebe gelebt und treu ihr gestorben, im Munde des Volkes fort, und wer die blumengeschmückte und efeuumrankte Ruine der grauen Burg am Rheine besucht, weiß darum, und jeder Schiffer, dessen Fahrzeug leicht und sicher über den Binger Strudel hin tanzt, erzählt von der lustigen Gestalt und meint, da Gisela nun nicht mehr nötig habe, die Schiffer vor Gefahren zu warnen, beschütze sie jetzt ihre Liebe und zeige den glücklichen Paaren, welche in mondbeschienener Stunde, am Ufer des schönen Stromes lustwandelten, den nahenden Verräter an und leite mit lieblichen Lauten die Bedrohten zum sicheren Verstecke.

Doch kehren wir von dieser Abschweifung nach Mainz zurück, wo Theoderich, der Beherrscher des Erzbistums, der durch Strenge und Milde zur rechten Zeit manches Gute zustande brachte, einen glänzenden Hofhalt hielt und sich auch das eigene Leben durch irdische Freuden angenehm zu machen suchte. Wie alle die geistlichen Fürsten jener Zeit führte auch er ein äußerst luxuriöses Leben: glänzende Feste, Schmaus und Jagd füllten einen großen Teil seiner Tage aus; doch Niemand sah darin Übles. Kam ein so hoher Herr seinen priesterlichen Pflichten nur äußerlich nach, gönnte man ihm gern seinen Anteil an dem Glück der Erde, und dies umso mehr, wenn das Wohl des Landes nicht darunter litt, und besonders in einer Stadt, deren Gewerbetätigkeit Nutzen daraus zog, und deren gesundem, heiterem Sinne Bigotterie und religiöser Fanatismus damals so wenig wie heutzutage behagte.

Unbegreiflich bleibt es, dass Theoderich, der intelligente und sehr freundliche Herr, so wenig Beachtung einer vielversprechenden Kunst schenkte, die unter seiner Regierung emporblühte. Ob er ihre große Bedeutung nicht erkannte? – Wohl wahrscheinlich, da kein Merkmal vorhanden blieb, dass er sich für sie oder ihren Erfinder besonders interessiert hätte, während doch schon vier Jahre vor seinem Tode Gutenbergs Bibel gedruckt wurde, und der Prozess zwischen Fust und ihm Aufsehen in der Stadt gemacht hatte. Ebenso wenig findet sich, dass das prächtige Werk: »Psalterium«, das zwei Jahre später nachfolgte, seine besondere Aufmerksamkeit erregt hätte. Von Gutenberg trat, wie wir wissen, um jene Zeit nichts zu Tage, da die mühsame Errichtung einer neuen Druckerei ihn für Jahre in Anspruch nahm. Erst ein Jahr nach Theoderichs Tod, 1460, erschien das erste Buch aus seiner Offizin.

Es war ein schönes Werk, auf Pergament und Papier gedruckt, das sogenannte Katholikon, eine zu jener Zeit sehr beliebte und viel gebrauchte grammatisch-lexikalische Kompilation des Dominikanermönchs Joanis de Janua. Die Typen hatten viel Ähnlichkeit mit den Schöfferschen, doch waren sie nicht so scharf ausgeprägt, nicht so schön und gleichmäßig, während die Verzierungen und Malereien denen Schöffers wenig nachstanden und, in Pur-

purfarbe und Gold ausgeführt, dem Buche ein prächtiges Aussehen gaben. War es nun gleich nicht so vollkommen in allen seinen Teilen, wie das Fustsche Psalterium, wurde es doch als ein herrliches Werk gepriesen und verdiente dies umso mehr, als es aus so mühevoller Arbeit hervorgegangen war.

Fust und Schöffer, eifersüchtig auf Gutenbergs Wiederaufleben als Drucker, suchten sogleich nach einem Gegengewicht dafür. Schöffer beschloss, alle seine Kenntnisse, und Mittel aufzubieten, um ein neues Werk zu schaffen, das seine Vorgänger weit übertreffen sollte, und ging sogleich an die nötigen Vorarbeiten dazu. Er goss neue Lettern, die er möglichst zu vervollkommnen suchte, und. es gelang ihm auch nach kaum zwei Jahren, ein Buch zu Stande zu bringen, dessen typographische Schönheit noch jetzt die höchste Bewunderung erregt. Es war eine lateinische Bibel, herrlich gedruckt aus Papier und Pergament und prachtvoll verziert, ein Werk, das in etwa siebzig verschiedenen Exemplaren bis auf unsere Zeiten gekommen ist und noch als die schönste gedruckte Bibel gilt. Schöffer besaß einen regen Geist, – er war einer von den leichtauffassenden Köpfen, die eine gegebene Idee praktisch mit vielem Glücke verfolgen – während Gutenberg zu den tiefen Denkern gehörte, welche im Auffassen des Großen und Ganzen, minder geschickt für das Einzelne und Kleine sich zeigen. Gutenberg und Schöffer vereint in schöner Harmonie hätten vielleicht noch Größeres geschaffen, als wir auch bei ihrer Trennung anstaunen müssen. Fust hing zu sehr nur am pekuniären Gewinn, als dass dasjenige, was auch er zur Förderung des Bücherdruckes beigetragen, uns sein Angedenken besonders wert machen könnte. Es ist durch Habgier, welche kein Mittel zu ihrer Befriedigung scheut, zu sehr verunstaltet, um uns in irgendeiner Weise recht erfreuen zu können.

Was Schöffer in der ehrgeizigen Aufgabe, die er sich stellte, Gutenbergs Werk zu verdunkeln und den Erfinder selbst in Schatten zu stellen, erreichte, suchte Fust zu erschleichen. Als reicher, angesehener Mann, der keine krummen Wege scheut, gelang es ihm leicht, das Auge des neuerwählten Erzbischofs, Diether von Isenburg, auf sich zu ziehen und das Interesse dieses hohen Herrn an der neuen Kunst ausschließend seiner Druckerei zuzuwenden, wodurch ihm manche Handels- und Gewerbsvorteile wurden. In der Fustschen Offizin wurde auch später das Manifest Diethers gegen Adolf von Nassau gedruckt, das besonders dadurch merkwürdig ist, weil es als das erste gedruckte diplomatische Aktenstück gilt. Gutenberg, der Fusts kluge Wege weder zu gehen verstand, noch sie gehen mochte, arbeitete wie von immerher in bescheidener Weise ganz still für sich fort – und während Fust und Schöffer an ihre Druckerei und ihr Haus Prunk und Ansehen knüpften, lebte er ganz zurückgezogen von der Welt seine Tage in seiner wenig beachteten Werkstätte hin.

Erzbischof Diether, der einen scharfen Verstand und ein reges Interesse an der Wissenschaft besaß, hätte ohne Zweifel der Entstehung einer so wichtigen Kunst nachgespürt, wie ihren Fortgang verfolgt und wäre so ihrem bescheidenen Erfinder näher gekommen, wenn nicht kurze Zeit nach seiner Erwählung ein, Streit um Rechte seines Landes mit Kurpfalz sich erneuert hätte, und zu gleicher Zeit eine Streitfrage im Reiche selbst aufgetaucht wäre, die mit bedenklichen Folgen drohte, so unbedeutend sie an sich auch war. Eine kleine Stadt war der Zankapfel, die, früher den Hohenstaufen zugehörig, die Frage veranlasste, ob sie jetzt dem Reiche unmittelbar unterworfen, oder einem bayrischen Herzoge untertänig sei. Diese an und für sich so unbedeutende Sache teilte das ohnehin schon so verwirrte deutsche Reich in zwei feindliche Parteien, wovon die eine, mit dem Kaiser an der Spitze, sich gegen das Haus Bayern, die andere sich für dasselbe erklärte. Der Papst, ebenfalls in großer Bedrängnis wegen der furchtbar zunehmenden Macht der Türken, die das Christentum bedrohte, hätte gern diese feindlichen Elemente versöhnt und schickte zu diesem Zwecke Vermittler nach Deutschland. Es wurde auf ihre Verwendung ein Reichstag nach Nürnberg ausgeschrieben; allein seine Beschlüsse hatten so wenig Gewicht, als unzählige frühere Reichstagsbeschlüsse gehabt.

Das zersplitterte Deutschland, in dem jedes einzelne Herrscherhaupt seine ganz besonderen Rechte beanspruchte, kam auch auf den Reichstagen zu keinem einheitlichen Willen, noch viel weniger zu einheitlichem Handeln. Und ein Krieg um die Ansprüche Einzelner sollte abermals die schönsten Gaue unseres Vaterlandes verwüsten. Bayern stritt sich mit dem Reiche um eine Stadt, Mainz und Kurpfalz um Viehweiden, und reich gesegnete Fluren wurden verwüstet, Dörfer eingeäschert und Hunderte von Menschenleben hingeopfert. So lag es im Geiste der damaligen Zeit. Nicht Diether, nicht Friedrich von der Pfalz, nicht der bayrische Herzog sind anzuklagen – sie taten nur, wie man allseitig sein Recht behauptete und wie man es ja selbst in unseren geklärten Zeiten mitunter noch zu behaupten sucht, in welche längst Gutenbergs Friede verheißende Erfindung segenbringend eingedrungen ist, nur leider immer noch nicht so, wie es wohl dem edlen Geiste dessen vorgeschwebt haben mag, der in schwerem Ringen, in stetem Kampfe und unermüdetem Schaffen sein ganzes Leben daran gab.

Der Kampf zwischen Mainz und Kurpfalz entbrannte in der gewohnten, grausamen Weise und endete nach fürchterlichen Verwüstungen mit einem Frieden, den die Mainzer Lande teuer bezahlen mussten, denn trotz Diethers persönlichem Mute und der tapferen Gegenwehr seiner Truppen wurde er besiegt. Der geistliche Herr hatte in diesem Kampfe so viel Mut und Energie gezeigt, dass der Papst wie der Kaiser kein besonderes Wohlgefallen daran fanden und ihn gerne wieder von dem erzbischöflichen Stuhle entfernt hätten. Noch hatte Diether seine Bestätigung als Erzbischof vom päpstlichen Stuhle nicht erhalten, und man zögerte jetzt umso mehr damit. Seine Gesandtschaft deshalb wurde hingehalten, und als man sie zuletzt nicht mehr zu beschwichtigen wusste, ihr für die Ausfertigung der Bullen eine mehr als doppelte Summe der gewöhnlichen Annatengelder angerechnet. Da die Gesandten nicht so viel Geld bei sich hatten, wurde ihrem Herrn eine Frist zur Entrichtung der Summe gestattet, nach deren Ablauf jedoch, wenn das Geld nicht bezahlt worden, er in die· Strafe des Bannes verfallen sollte.

Diether, bei dem erschöpften Zustande seiner Kasse, war unfähig, der ihm auferlegten Geldverpflichtung nachzukommen, und der Bannstrahl traf ihn. Doch uneingeschüchtert dadurch führte er bei einer Fürstenversammlung zu Eger schwere Klage gegen das Oberhaupt der Kirche und zwar mit so beredten Worten, dass die Versammelten ihn in den Kurverein aufnahmen, ihn ihres Schutzes versicherten und eine große Fürstenversammlung zu Frankfurt anordneten, wozu auch der Kaiser eingeladen wurde, um dort die Angelegenheiten Deutschlands zu ordnen und seine Rechte und Ehre Rom gegenüber zu sichern. Allein diese Versammlung wurde durch den Papst und Kaiser hintertrieben und eine spätere nach Mainz ausgeschrieben, bei welcher jedoch der päpstliche und kaiserliche Einfluss so überwiegend war, dass Diether von seinen Freunden verlassen wurde.

Dessen ungeachtet setzte er seine energische Sprache gegen den päpstlichen Stuhl und die missbrauchte Macht des Kaisers fort, was zur Folge hatte, dass er seiner Würde verlustig erklärt, und Adolf von Nassau an seiner Statt damit betraut werden sollte. Der Kaiser bestätigte sogleich den päpstlichen Beschluss, der den eigenwilligen Diether beiseiteschob. Zwei Bullen erschienen an demselben Tage. Die eine entwickelte mit großer Beredsamkeit die Verbrechen Diethers, die andere sprach zu Gunsten Adolfs Von Nassau. Der neu Erwählte zog in Mainz ein und wurde im Dome zum Erzbischofe ausgerufen, indessen man Diether die anklagende Schrift des Papstes überreichte. Damit erst erfuhr er sein Schicksal und notgedrungen verließ er die Stadt, doch nur um der festen Plätze des Landes sich zu versichern und von da aus gegen den päpstlichen Machtspruch zu protestieren. Mit diesen beiden päpstlichen Bullen war der Fehdehandschuh hingeworfen zu einem erbitterten Kampfe, einem Kampfe, der in seinen Folgen für Mainz sowohl als die Erfindung, die noch gefesselt in seinen Mauern lag, von der höchsten Wichtigkeit wurde.

Diether unterhielt geheime Verbindungen mit der Stadt, deren Bürger ihm viel ergebener waren als Adolf von Nassau. Dieser, hochmütig und dabei ängstlich und misstrauisch, wusste sich nicht mit der Bürgerschaft zu befreunden, während Diether, klug und edelmütig der Stadt alle ihre Rechte, Freiheiten und Privilegien zu wahren versprach, ja ihr selbst gelobte, die Pfaffenrachtung, diesen Dorn in ihrem Auge, bei seiner Wiedererwählung gänzlich zu vernichten. Was Wunder, dass die Bürger von Mainz mit Diether von Isenburg und nicht mit Adolf von Nassau sympathisierten.

An der Spitze von Diethers Partei stand die Fustsche Familie mit ihrem mächtigen Haupte dem reichen Goldschmied, der den Ruhm und das Glück der Stadt, wie sein eigenes an Diether gebunden glaubte. Schon längere Zeit ein Lenker der städtischen Angelegenheiten, nahm er sie jetzt noch fester in die Hand und wirkte einstweilen für Diether insgeheim; da er es offen noch nicht tun konnte. Diether wurde indessen von Adolf hart bedrängt und verstand sich endlich zur Abtretung des Erzbistums, bedingte sich aber mehrere Schlösser und Ortschaften als Ersatz dafür. Allein seine Nachgiebigkeit war nur eine scheinbare; nach kurzer Frist brach sein unruhiger, tatendurstiger Geist wieder hervor, seine gekränkte Ehre verlangte nach Genugtuung, und nachdem er sich mit seinem früheren Feinde Friedrich von der Pfalz verbündet hatte, kündete er Adolf von Nassau offene Fehde an.

Adolf verließ darauf Mainz, da er ihren Bürgern nicht traute und auch, um sich mit Diether in offenem Felde zu messen. Sobald er die Stadt verlassen hatte, erklärte sich die Bürgerschaft offen für Diether und verlangte dasselbe von dem gesamten Klerus. Die geistlichen Herren kamen dadurch in arge Bedrängnis. Auf der einen Seite bedrohte sie die aufgeregte Bürgerschaft, auf der andern die Ungnade Adolfs und der Zorn des Papstes. Jedoch umsonst waren alle ihre Vorstellungen. Der Vorstand der Stadt zwang sie, im Kreuzgange des Doms einen feierlichen Eid zu leisten, Diether anzuhängen und ihm treu zu sein, was sie übrigens, wie die Folge lehrt, dennoch schwer zu büßen hatten.

Jakob Fust schritt jetzt stolzer einher, als jemals, allein Margarethe stand nicht mehr in ihrer früheren Pracht an seiner Seite; umsonst suchte er ihre Eitelkeit anzuspornen und sie aus dem trüben Versinken in sich selbst herauszureißen. Nur selten noch begleitete sie ihn zu Lustbarkeiten, und wenn sie es tat, erschien sie dabei nicht mehr als die stolze Frau von ehedem. Ihr Haupt, sonst so trotzig in den Nacken geworfen, neigte sich nach vorn, – ihr Angesicht, so blühend einst war bleich, – und nicht das prunkendste

Kleid vermochte ihre zusammengesunkene Gestalt empor zu halten. Man schrieb allgemein diese auffallende Veränderung einem geheimen körperlichen Übel zu, das kein Arzt bis jetzt zu entdecken vermochte, und auch keinem wundertätigen Mittel weichen wollte. Das Leiden ihrer Seele kannte nur sie allein, und nur ihr Mann und Gertrud hatten eine Ahnung davon; doch Jakob scheute sich, tiefer hier einzudringen, und Gertrud kam seit Gutenbergs Trennung von Fust in keine Berührung mehr mit Margarethe.

In den mainzischen und nassauischen Landen entbrannte indessen ein heftiger Kampf um den ersten Bischofsstuhl Deutschlands und entwickelte sich immer heftiger in all der Grausamkeit damaliger Kriegsführung, ohne dass sich der Sieg auf die eine oder andere Seite geneigt hätte.

Ein außergewöhnlich kalter Winter war eingetreten und überzog Stadt und Land mit Eis und Schnee; auch der lebendige Strom war eins mit der monotonen Landschaft geworden; wie über die ganze Ebene hatte sich auch über ihn das starre Kleid des Winters gelegt. In der weißen Fläche flammten Feuerzeichen auf als Vorboten oder Nachtrab des Kriegsheeres, das über sie hin tobte. Täglich hoben sich neue schwarze Brandstätten empor, und das reine Weiß der Winterdecke färbte sich mit Blut. Bleiche, abgezehrte Gestalten schleppten sich schaudernd darüber hin, vergebens nach einem Obdach, einem Stückchen Brot spähend. Alles hatten die rohen Kriegsknechte ihnen geraubt, nur das nackte Leben denen gelassen, die ihrer grausamen Waffe entgangen waren. Ein Leichenfeld voll Spuk und Graus lag die weite Ebene um das güldene Mainz, dessen prunkender Name sich mit einem Trauerflor umhüllte. Eine schwere Stimmung lag auf den Bewohnern der Stadt, obgleich sie sich in ihren festen Mauern ganz sicher wähnten und an Diethers endlichen Sieg unerschütterlich glaubten. Die so nahen Schreckensszenen stimmten dennoch die Gemüter ängstlich und riefen bange Ahnungen hervor.

Vom jenseitigen Ufer, wo der Krieg so schlimm hauste, kam ein noch junger Mann und betrat mit sicherem Tritt die Eisdecke des Rheins, um die Stadt zu erreichen. Je näher er ihrem Tore kam, desto mehr schienen ihm die Schrecknisse, die er durchwandert, zu entschwinden, denn sein Blick wurde immer heiterer, auch seine erblasste Wange rötete sich wieder, als ob eine mächtige innere Freude sie färbe.

Nach richtigem Ausweise wurde ihm ein kleines Pförtchen geöffnet, rasch schlüpfte er hindurch und eilte wie ein guter Bekannter in grader Richtung dem Hofe zum Gutenberg zu. Dort fragte er nach dem Eigentümer des Hauses, und man wies ihn nach einer Stube des ersten Stockwerkes, wohin er eben gegangen sei. Kaum hörbar sprang er die Treppe hinauf und schwang dabei das kleine Bündel, das er trug, um die Schultern. Er pochte an der bezeichneten Türe an, und von wunderbar lieblicher Stimme klang es: »Herein.«

»Gertrud! Gertrud du hier?«, rief der junge Mann und stand in der Stube, dann, im nächsten Augenblicke schon lag er zu den Füßen des jungen Mädchens, umschlang ihre Knie und weinte und lachte voll seliger Freude. Sie fasste mit zitternden Händen sein liebes Haupt und drückte einen Kuss auf seine Stirne – zu sprechen vermochte sie nicht.

Gutenberg entfernte sich leise, die Glücklichen ihrem Glücke überlassend und ging, das Herz voll hoher Freude, wieder in seine Werkstätte, aus der ihn kurz vor Alberts Eintreffen Gertrud hatte rufen lassen, um einen Auftrag ihres Vaters ihm auszurichten. Das liebende Paar bemerkte Gutenbergs Entfernung nicht, doch ebenso wenig dachten sie seiner Anwesenheit. Nur mit ihrem Wiedersehen beschäftigt, entschwand ihnen alles außer ihrem Glücke.

»Nun habe ich dich wieder! Nun lasse ich dich nimmer!«, versicherte er, sie fester umschlingend.

»Ewig, ewig bin ich dein!«, wiederholte sie voll zärtlicher Glut. –

Eine Stunde und wohl noch mehr ging ihnen wie ein glücklicher Traum dahin, – da wurde sein Kuss gar so heiß. Hoch errötend entwand sie sich feinen Armen und sah sich nach Gutenberg um.

»Er ist nicht da, ich will den Vetter rufen!«, stammelte sie und eilte davon, ehe Albert es hindern konnte. Er nahm jetzt das Päckchen wieder auf, das er bei seinem Hereinstürzen beiseitegeworfen, und legte es auseinander. Wohlverwahrt kam ein großes Buch zum Vorschein, dessen Umhüllung er schnell entfernte und es dann mit einem freudig dankendem Blicke nach Oben an seine Brust drückte, während er sprach:

»Teures Kleinod, du sollst jetzt mein Brautwerber werden, und fürwahr, ich wüsste keinen würdigeren, sobald Gutenberg sagt, du seiest gelungen, du mein mühsam errungenes Gut. Und er wird es sagen«, fuhr er, das Buch aufschlagend, zuversichtlich fort. »Was man ihm einst geraubt, meine Hand schuf es wieder in würdiger Weise.« Gutenberg trat jetzt an Gertruds Hand ein und den jungen Mann umarmend, rief er freudig:

»Du bist wieder da, Albert, und bringst mir –«

»Mein erstes gedrucktes Werk«, fiel dieser ein, sein Buch hoch emporhaltend.

Gutenberg griff darnach und rief staunend aus:

»Eine Bibel!«

»Ja, eine. Bibel, der Euren gleich. Was man Euch so schmählich raubte, ich wollte es zu Eurer Freude wieder schaffen.«

»Dank, junger Freund – mein Bruder, mein Sohn«, sprach Gutenberg ergriffen und betrachtete dann das schöne Buch genauer. »Es ist noch besser gelungen, als die erste gedruckte Bibel«, sagte er mit seiner gewohnten Bescheidenheit und voll Freude, und den Bamberger Buchdrucker liebevoll anschauend, fuhr er fort: »Du wirst würdig voranschreiten auf der begonnenen Bahn. Ich täuschte mich nicht in dir, Albert. Ruhm und Ehre werden mit dir sein, und Gertruds Liebe dein schönster Lohn.«

»Also Ihr glaubt, die Eltern werden das teure Kind mir anvertrauen?«

»Wer so würdig wirbt, ist ein willkommener Freier.«

»Wirst du mir denn auch gerne folgen in die Welt?«, wandte sich Albert an Getrud.

»Wohin du mich führst, folge ich dir freudig als dein treues Weib«, gab sie mit der ganzen Innigkeit eines treuen deutschen Gemütes zur Antwort.

»So kommt in der Eltern Haus!«, mahnte Gutenberg. »Ich trage dein Werk dir vor, Albert; es spricht am beredtsten für dich.«

Noch an demselben Tage wurde in Hennels Haus, im Kreise der nächsten Verwandten Gertruds Verlobung mit dem Bamberger Drucker gefeiert und die Bibel prangte als köstlicher Schatz inmitten der Tafel, die ein fröhlicher Kreis umgab. Als Gertrud einige Wochen später mit Albert getraut wurde, lag sie auf dem Altare, an dem der Priester den Segen über ihren Ehebund aussprach und verblieb der Kirche als ein Geschenk Gutenbergs, dem sie Albert zum Eigentum übergeben hatte. In ihrem Glücke vergaßen die Liebenden des Sturmes, der draußen wütete und oft bedrohlich der Stadt näher rückte. In ihren Mauern hielt man sich noch immer sicher, und in Hennels Hause suchte man dem glücklichen Paare jeden Zweifel daran ferne zu halten. Übrigens was kümmerte auch der Kampf um das Mainzer Erzbistum den Bamberger Buchdrucker, der mit seiner friedlichen Kunst und seinem geliebten Weibe fortziehen wollte durch Länder und Städte, in denen Ruhe herrschte, und wo er der neuerfundenen Kunst Anerkennung verschaffen, und dabei sich Ehre und Geld erwerben wollte.

Sein Entschluss war, nur für ganz kurze Zeit nach Bamberg zurückzukehren, dort seine Angelegenheiten zu ordnen und dann mit seiner Presse zu wandern, wie er es einst als Briefmaler getan. Es lag so in der Sitte, wie in den Verhältnissen der damaligen Zeit. Die wandernden Geschäftsleute waren allerorts zu finden und mancher machte sein Glück dabei. So gab es nach der Erfindung des Bücherdruckes viele wandernde Drucker, die ihre Pressen bald da, bald dort aufstellten, wo es für ihre Kunst die reichste Ausbeute versprach. Auch Albert Pfister, der in neuerer Zeit in der Buchdruckergeschichte eine so gewichtige Stelle gefunden hat, gehörte aller Wahrscheinlichkeit nach dazu, denn nachdem er in Bamberg einige Zeit gedruckt, verschwindet sein Name dort gänzlich und taucht erst nach einer Reihe von Jahren wieder in seiner Heimat auf.

Er sprach mit Gutenberg über seine Wanderpläne und meinte, er würde so der neuen Kunst am besten dienen, da doch eben selten Friede und Ruhe in ein und derselben Stadt lange andauerten, und also vorerst nirgends eine ruhige ungefährdete Stätte zu finden sei.

»Wenn ich einst wiederkehre«, setzte er mit einem warmen Händedruck hinzu, »sieht es vielleicht friedlicher aus, und dann auch bringe ich doch wohl viele Schätze mit, dann arbeiten wir zusammen, edler Meister, – dann soll's eine Druckerei geben, wie keine mehr zu finden, und die Fustsche nichts dagegen sein soll.«

Gutenberg störte die Hoffnungsfreudigkeit des jungen Mannes durch keinen Zweifel; – seinem Plane, des Wanderns mit der Presse, war nichts entgegenzuhalten, und was die Zukunft brachte, wer konnte das jetzt schon ergründen?

»Ziehe mit Gott, mein Sohn!«, sprach er nach einer längeren Pause zu ihm. »Begleitet von einem lieben Weibe wird auch die Fremde dir heimatlich sein, – und kehrt ihr einst wieder und ich lebe noch, dann bleibe ich für immer bei euch, dann sollst du mir erzählen von deinen Wanderschaften, viel erzählen – denn weit willst du doch ziehen? Nicht so, Alberti?«

»Ja, mein edler Meister. Nach dem Süden verlangt es mich, und folgt Gertrud mir gern so weit von der Heimat, möchte ich wohl Italiens Himmel schauen.«

»Kommst du dahin«, sprach Gutenberg nach kurzem Bedenken, und ein heller Strahl blitzte dabei aus seinen Augen, »dann kehre in Venedig ein und suche dort den Kaufmann Antonio oder seine Nachkommen auf. Ich will dir einen Brief und ein Buch mitgeben – bringe es ihnen, und sie werden dich freudig willkommen heißen.«

»Ihr lebtet einst längere Zeit in der stolzen Dogenstadt?«, fragte Albert.

»Ja, mehrere Jahre, und war dort bei lieben Freunden, von denen ich seither nichts mehr vernahm. Dennoch lebt mein Angedenken in ihnen fort, wie das ihre in meinem Herzen – dessen bin ich gewiss. Findest du sie noch alle, vereint, in Liebe und häuslichem Glücke – sieh, dies zu hören, wäre der schönste Sonnenblick, der meinem Lebensende werden könnte. Mein Brief und meine Erfindung werden für mich sprechen, und sie mir vergeben, dass ich so lange geschwiegen. Was ich nicht niederschreiben kann, wirst du ihnen erzählen. Sie werden dich lieb gewinnen, dich und dein Weib – als meine Kinder euch ansehen, und bei ihnen, in ihrem Hause kannst du ohne Scheu deine Presse aufstellen, und sie schauen lassen in das Geheimnis unserer Kunst – denn worauf ihr Auge fällt, das ist gut geborgen. Findest du Angela – findest du Kuno noch – dann sage ihnen – doch nein, sage ihnen nur von meiner Erfindung, von mir selbst sage ihnen nicht viel, ich will ihnen ja schreiben von mir – und du bringst mir Kunde von ihnen – bringst mir ihre Grüße, und lebte ich nicht mehr, – dann lege sie auf meinem Grabe nieder.«

Er entfernte sich nach diesen Worten, und Albert sah ihm voll Teilnahme nach.

»Das müssen liebe Freunde von ihm gewesen sein«, dachte er, und sie aufzusuchen und ihm Kunde von ihnen zu bringen, war sein fester Vorsatz, in den Gertrud, sobald er ihr demselben mitgeteilt, freudig einstimmte.

Die Stunde des Abschieds schlug. Gertrud hing weinend am Halse der Mutter.

Die Trennung führte ihr all die Schrecknisse des Krieges, der in der Nähe tobte, vor die Seele, und es bangte ihr für die Geliebten, die hier zurückblieben. Als ob sie nimmer sich losreißen könne, umschloss sie immer fester die Mutter, und ihre Tränen wurden heftiger.

Da löste Gutenberg mit sanfter Gewalt die krampfhaft ineinander geschlungenen Hände der Weinenden und legte sie in Alberts Arm, der sie fest umschloss und mit liebendem Ernst zu ihr sprach:

»Dein Leben gehört jetzt mein, geliebtes Weib! Komm, folge mir.«

Sie sah ihn an – und ihre Tränen brachen sich in einem Lächeln der Liebe, indem sie flüsterte:

»Ewig dein!«

Dann richtete sie sich empor, sagte Vater und Mutter ein gefasstes Lebewohl, und ihres Mannes Hand ergreifend, sprach sie mit freudigem Mute:

»Ich folge dir, wohin es auch sei! An deinem Herzen verstummt jedes Leid des meinen. Bei dir ist fortan meine Heimat.«

# 8

Während des Kampfes um den erzbischöflichen Stuhl in Mainz, welcher der Stadt bald näher, bald ferner rückte, öffnete sich zuweilen in nächtlicher Stunde eines ihrer Tore, um den entsetzten Bischof einzulassen. Er pflegte dann Rat mit den ersten Bürgern und nahm gewöhnlich sein Absteigequartier im Hause des reichen Goldschmieds Fust. Da musste Margarethe auf ihres Mannes Geheiß den vornehmen Gast aufs Beste bewirten, und sie raffte sich in solchen Stunden auf, doch nur, um nachher desto erschlaffter zusammenzusinken. Diether, welcher der Treue und Anhänglichkeit der mächtigen Stadt ganz sicher zu sein glaubte, fürchtete keinerlei Verrat in derselben, besonders da der Klerus, den er am meisten fürchtete, von Fust und seinem mächtigen Anhange fast in Gefangenschaft gehalten und scharf beobachtet wurde.

Von den Patriziern stand der größere Teil ebenfalls ganz entschieden auf Diethers Seite, denn was er der Stadt versprach, galt ja auch ihrem Wohle, da sie gleich den Zunftgenossen darin eingebürgert waren. Sie hatten jedoch wie diese ihre eigenen Bürgermeister, und trotz des einheitlichen Interesses, das sie der Sache Diethers verband, zeigte sich eben doch überall eine Absonderung des Adels von dem Bürgerstande, und ein eigentliches Vertrauen zueinander kam auch in dieser Zeit großer Besorgnisse nicht zu Stande; sonst hätte auch wohl der Verrat sein schleichendes Treiben nicht so verbergen können, als es geschah. Er verkroch sich hinter die gegenseitige Zurückhaltung und

Absonderung der Patrizier und Zunftgenossen, und wirkte insgeheim für Adolf, während Diethers Rechte offen anerkannt wurden.

Adolfs Kreaturen schilderten ihm den Abfall der Stadt in den gehässigsten Farben, und dieses zu rächen wurde nächst Diethers Niederlage sein heißester Wunsch. Er scheute weder Geld noch Versprechungen für seine Zwecke, und suchte das, was ihm in offenem Felde nicht gelingen wollte, durch List zu erreichen. Durch einen in seinem Solde stehenden Mann, der eine Mainzerin zur Frau hatte, die bei ihrer Familie dort lebte, gelang es ihm, den Bürgermeister Dudo auf seine Seite zu ziehen. Da Dudo auch Baumeister war und in dieser Eigenschaft die Tore zu überwachen und ihre Schlüssel in Verwahr hatte, war dies ein vielversprechendes Bündnis, an das sich schwarze Pläne anknüpfen ließen. Adolf besaß wenig persönlichen Mut, und da Diether ihn hierin in hervorragender Weise übertraf, ward der offene Kampf ihm lässig, und er griff begierig nach der niedrigen Waffe des Verrates, seinen Gegner damit zu verwunden.

Dudo, der bereitwillig seine Hand dazu bot, tat es aus persönlichem Interesse, wie sein ganzer Anhang. Adolfs Sieg versprach ihnen Reichtum und Ansehen; für die Vaterstadt, das wussten sie wohl, konnte daraus kein Glück hervorgehen. Nirgends zeigt sich ein Grund, der ihre Tat beschönigte, – sie ist eine von denen, die mit dem schwärzesten Griffel in der Geschichte von Mainz aufgezeichnet steht. Die schleichenden Verräter erklärten sich laut für die Sache Diethers und taten insgeheim alles Mögliche, um Adolf in den Besitz von Mainz zu bringen.

Dudo, als Aufseher der Tore, besuchte häufig die Torwachen, mit denen er bald in freundlichem Verkehr kam; er spendete ihnen großmütig Wein und Speise und plauderte stundenlang mit ihnen über die Sicherheit der Stadt, die ihnen anvertraut sei und dergleichen erhebende Dinge mehr, für eine schläfrige Wache, die den Feind über dem breiten Strome drüben wusste und nicht nötig fand, allzu aufmerksam auf ihrem Posten zu sein. Der schlaue Dudo erwarb sich dabei den Ruf eines für die Sicherheit der Stadt sehr besorgten Mannes, und nur seine Leutseligkeit wurde gepriesen, als er an einem trüben Oktoberabende mehrere gefüllte Humpen an die am stärksten besetzte Torwache bringen ließ, um die Wächter damit zu laben. Aus dieser Seite war die Stadt am meisten befestigt, da es hier in das freigelegene offene Feld hinaus ging, während ihre andere Seite von dem Rheine beschützt war. Eine dreifache Pforte, Wälle, Mauern und Gräben verwahrten sie hier gegen den andringenden Feind und niemand fürchtete auf diesem Punkte. einen Angriff der nassauischen Truppen, die jenseits des Rheines lagen.

Dudo setzte sich, vertraulich plaudernd, in die Wachstube der dreifachen Pforte, und ein Humpen um den andern wurde geleert. Der Herr Bürgermeister ging scheinbar mit gutem Beispiele vor und nippte so lange, bis der letzte der Wachmannschaft berauscht am Boden lag. Nachdem er einen prüfenden Blick auf die Besinnungslosen geworfen, ging er durch die drei Tore auf den Wall. Die Nacht war sternlos, unheimlich dunkel, und in der Stadt bereits alles zur Ruhe gegangen. Dudo stand einen Augenblick unbeweglich, dann aber griff er rasch in seine Tasche und ein rot leuchtender Funke fuhr hoch empor und über die Stadt hin. Wenige Minuten später stieg über dem Rheine drüben ein ähnliches Zeichen aus. Dudo verließ den Wall und ließ das äußere Tor offen. Nochmals sah er auf die tief schlafende Wache, dann schloss er die Wachstube ab und ging der naheliegenden Stephanskirche zu. Auch hier hatte er einen Schlüssel, der öffnete und ungesäumt stieg er den hohen Turm hinan und trat bei dem Wächter desselben ein. Dieser hatte die Verpflichtung, wenn alle unter ihm die Augen schlossen, die seinen offen über ihnen zu halten. Es waren mehrere Türme der Stadt zu ähnlichem Dienste bestimmt, doch dieser als der höchste und höchstgelegene galt als der wichtigste Wachposten und wurde nur einem ganz bewährten Manne anvertraut. Der jetzige Wächter war in seinem Amte alt geworden und kam schon seit Jahren nicht mehr von seinem luftigen Sitze in die Stadt herab. Dudo, der in letzter Zeit auch die Wachen der Türme besucht, setzte dennoch durch sein spätes Kommen den Wächter von St. Stephan in Erstaunen.

»Es sind schlimme Zeiten, Alter,« entschuldigte Dudo sein Erscheinen. »Man muss zu allen Stunden auf seiner Hut sein, besonders muss ein Mann in meiner Stellung überall ein wachsames Auge haben.«

»Ich tue meine Pflicht, gestrenger Herr!«, erwiderte etwas brummig der graue Wächter.

»Wer will dir auch einen Vorwurf machen?«, fuhr Dudo gutmütig fort, ihm vertraulich auf die Schulter klopfend. »Doch du bist in deinem Amte alt geworden, und da mich die Sorge um die Stadt nicht schlafen lässt, will ich dich einige Stunden ablösen.«

»Wie? Ihr, gestrenger Herr?«

»Ja, ich, guter Freund. Setze dich dort in den Lehnstuhl und versuche zu ruhen – ich halte einstweilen Wache.«

»Ist aber doch meine und nicht Eure Sache, Herr«, widersprach der Alte.

»Du wirst sie mir aber einige Stunden überlassen«, beharrte Dudo in strengerem Tone.

Der Wächter schüttelte fein graues Haupt, wusste aber dem vornehmen Herrn, dessen Stellung er kannte, nichts entgegenzuhalten und setzte sich seufzend ob solcher wunderlichen Dinge in den mürben Lehnstuhl und schloss das Auge, weniger um das Ungewohnte zu versuchen, in nächtlicher Stunde zu schlafen, als das Wunderliche nicht zu schauen: den Herrn Bürgermeister als Turmwächter.

Dudo ging anfangs unruhig von einem Fenster des Turmes an das andere, dann aber hielt er hauptsächlich nur an dem Wache, das nach der dreifachen Pforte zuging; doch konnte er auch von hier aus nichts Auffallendes bemerken, als hin und wieder in der Ferne das schnelle Aufflackern und Wiederverlöschen eines Feuers; so oft er jedoch dies bemerkte, flammte auch ein hohes Rot über sein Gesicht, und sein Herz schlug ungleichmäßiger.

Etwa eine halbe Stunde unterhalb Mainz machte sich um dieselbe Zeit am Ufer des Rheins ein unheimliches Treiben bemerklich. Kleinere und größere Nachen fuhren ab und zu, – dunkle Gestalten landeten und Pferdegetrappel ward vernehmbar, doch herrschte so große Dunkelheit, dass nichts deutlich zu unterscheiden war, und nur dumpfe Rufe ließen erraten, dass Truppen landeten und am Ufer aufgestellt wurden. Nachdem eine Anzahl beisammen war, setzten sich die Reiter längs dem Rheine in Bewegung und näherten sich so lautlos als möglich der Stadt. Die Fußgänger, etwa fünfhundert an der Zahl, schlugen den Weg quer über das Feld ein und gelangten nach einem schnellen Marsche aus der Anhöhe an, die vor der dreifachen Pforte sich ausbreitete. Hier umzog die äußere Stadtmauer ein tiefer Graben, der mit wildem Gestrüpp bewachsen war. Auf ein leises Kommando wurde dieses Hindernis schnell mit Sensen beseitigt und Leitern an die Mauern angelegt. Jedoch in dem Augenblicke, wo dieses geschah, zeigte sich oben ein dunkles Etwas, das mit unheimlichem Geräusche sich hin und her bewegte und zwischendurch blitzte es wie glühende Funken aus der rätselhaften Gestalt herab. Die Nacht war so tief dunkel, dass die Untenstehenden die ängstliche Erscheinung nicht erkennen konnten und schnell die Leitern wieder zurückzogen.

War es ein Satanswerk? Oder ein Schutz des Himmels für die bedrohte Stadt? Oder eine eigens hier aufgestellte nächtliche Wache? Diese Fragen flüsterten sich scheu die Angreifer zu, doch keiner wusste eine genügende Antwort dafür. Über eine Stunde forschten sie vergebens nach der Lösung dieses Rätsels und, da ihr Angriff nur für eine ganz unvorbereitete Stadt berechnet war und erst nach Tagesanbruch eine größere Truppenzahl folgen konnte, waren sie eben daran, sich wieder zu entfernen, als ein helles Licht unter der Kuppel des Stephanturmes aufflammte und der rätselhafte Beschützer der Stadt mit dem unheimlichen Geschrei einer Eule aufflatterte und dem Lichte zuflog, das Dudo in seiner Ungeduld als ermunterndes Zeichen für seine Verbündeten an das Fenster gestellt hatte.

Der Nachtvogel flog wie bezaubert darauf zu, – das Fenster klirrte, das Licht erlosch und die Eule krallte sich in Dudos graues Haar ein, und je mehr sich dieser dagegen sträubte, desto fester packte sie ihn, desto heftiger hackte ihr scharfer Schnabel nach seinem Gesichte. »Zu Hilfe! zu Hilfe!«, schrie Dudo dem halb entschlafenen Wächter zu, der bei der herrschenden Dunkelheit nur die funkelnden Augen des Vogels sah und gelähmt von abergläubischer Furcht, nicht im Stande war, dem Gefährdeten beizustehen.

Die Feinde indessen, ihrer Besorgnisse entledigt, überstiegen die Mauer und versammelten sich in einem Weinberge, der zwischen dieser und dem letzten Bollwerke der Stadt, einem Walle und der dreifachen Pforte lag. Sie ordneten sich in geschlossenen Reihen und fanden, wie ihnen verheißen, das äußere Tor offen. Schnell durchschritten sie es, um das zweite und dritte, die weniger stark waren, einzuschlagen. Die berauschten Wächter vernahmen nichts von dem dumpfen Getöse, doch eine nicht weit davon aufgestellte Stadtwache hörte den ängstlichen Lärmen, eilte nach dem Tore und entdeckte mit Entsetzen die Ursache desselben. Ihr fürchterliches Geschrei rief die ruhig schlafenden Bürger wach, und wie die Posaune des Jüngsten Gerichtes erscholl der Ruf: »Die Feinde sind in der Stadt!«

Das nächtliche Dunkel vermehrte Schrecken, Verwirrung und Angst. Niemand wusste im ersten Augenblick, was beginnen. Bald drang der entsetzliche Ruf auch in des Goldschmieds Haus und hallte dort mit doppeltem Gewichte nach. Diether war am Abend nur mit einem Begleiter in die Stadt gekommen und ruhte hier im Gefühle vollkommener Sicherheit in tiefem Schlafe.

»Auf, Herr, flieht! Ihr seid gefährdet!«, rief ihm Jakob in höchster Angst zu. »Noch könnt ihr das Tor, was aufwärts ins Land führt, sicher erreichen. Eilt schnell von hinnen und sendet uns schleunige Hilfe! Adolfs Truppen sind in der Stadt!«

Diether fuhr entsetzt empor, doch schnell gefasst eilte er mit Jakob und seinem Begleiter in die Straßen, in denen die Verwirrung namenlos war.

»Sammelt Euch, und haltet nur einige Stunden aus!«, bat er die Besonnensten. »Ich sende Euch schleunige Hilfe. Nicht weit oben am Rheine stehen von meinen Truppen.«

Er suchte die Beherztesten in geschlossene Reihen zu sammeln und ordnete noch Verschiedenes an. Nachdem der erste Schrecken sich etwas gelegt hatte, griff die gesamte Bürgerschaft zu den Waffen, und entschlossen, die Freiheit ihrer Stadt bis zum letzten Tropfen Blutes zu verteidigen, eilten alle dem Feinde entgegen, der schon durch das innere Tor in die Stadt eingedrungen war.

»Entflieht und sendet Hilfe!«, drängte man Diether abermals, und er eilte von hinnen, kaum noch fähig, durch das bezeichnete Tor zu entkommen; alle andern waren bereits von Adolfs Truppen eingeschlossen.

Die Sturmglocken ertönten jetzt von allen Türmen, und der alte Wächter von St. Stephan zog am eifrigsten an seiner Glocke, während Dudo, der Verräter, sich in gräulichem Schmerze am Boden wälzte und den Tag verfluchte, an dem er das Verderben der Stadt heraufbeschworen. Der Vogel, der vielleicht die Stadt gerettet, wenn ihn nicht das Licht des Verräters angezogen hätte, war das Werkzeug der Rache geworden. Er hatte im Kampfe mit Dudo diesem die Augen ausgehackt, und er, der triumphierend auf den Einzug der feindlichen Truppen hatte herabsehen wollen, lag jetzt geblendet am Boden der kleinen Stube des Wächters, den er betrogen und dessen gewaltiges Sturmgeläute dem Schwerverwundeten auch noch den Sinn des Gehöres zu rauben drohte.

Mutig stellten sich die Bürger dem eindringenden Feinde entgegen und jeder Fuß breit musste mit Strömen Blutes erkauft werden. Es war ein verzweifelter Kampf – alle Arten von Waffen dienten dabei: Schwerter, Streitäxte, Kolben, Lanzen, Bogen und Pfeil, zwischendurch knallte die Feuerwaffe und Kugeln flogen durch die Luft, Tod und Verderben umherschleudernd.

Die Feinde hatten den Vorteil der besseren Stellung, da sie von oben herabkamen, doch warf der höhere Mut der um ihre Rechte und ihr Eigentum Kämpfenden sie wiederholt bis an das Tor zurück, und der Sieg wollte sich schon auf die Seite der Bürger neigen, als dem Feinde frische Truppen zu Hilfe kamen. Die Schwerbedrängten wichen Schritt vor Schritt in hartem Kampfe rückwärts bis in die Mitte der Stadt. Schon glaubten sie alles verloren, das Jubelgeschrei der Feinde tönte wie schauriges Grabgeläute an ihr Ohr, und Einzelne warfen bereits die Waffen hinweg, als von der Seite, wo Diether entflohen, Truppen anrückten, und ein kleines, doch mutiges Häuflein der Stadt zu Hilfe kam. Es war alles, was Diether in der Eile tun konnte, nur diese wenigen Truppen standen für schnelle Hilfe nicht zu fern. Doch sie waren mutig, und neues Vertrauen kehrte mit ihnen den Verzagten wieder. Mit frischbelebter Kraft stürzten sie sich aus den siegestrunkenen Feind und warfen ihn zurück, unwiderstehlich nach der Pforte ihn hindrängend, die der Verrat geöffnet.

Doch die heimtückische List, die Adolfs Truppen den Weg gebahnt, griff jetzt nach einem grässlichen Mittel, um dem fast gänzlich überwundenen Feinde dennoch zum Siege zu verhelfen: In den wehrlosen Häusern im Mittelpunkte der Stadt, in denen sich in Todesangst Frauen und Kinder, Kranke und gebrechliche Alte zusammengeschart, loderten plötzlich helle Flammen auf, die sich ohne Widerstand schnell über den gewerbereichsten Teil der Stadt ausbreiteten und volle Nahrung in den Magazinen der Kaufleute, wie in den Arbeitsstätten der Handwerker fanden.

Mit dem Sturmläuten und dem wilden Kampfgetöse mischten sich jetzt die verzweifelten Klagerufe der Unglücklichen, welche die Feuersglut von Haus zu Haus, von Straße zu Straße trieb. Die Kraft der Mutigsten erlahmte unter dem Hilferuf ihrer Familien, bei dem Geprassel des Feuers, dem Anblick der immer höher lodernden Flammen. Die ganze Stadt lag in eine blutig rote Glut getaucht, in der ihr gänzlicher Untergang unvermeidlich erschien.

»Mein Weib – meine Kinder – mein alter Vater – meine Mutter – meine Schwester – all mein Hab und Gut – «, klang es erst leise, dann immer lauter und verzweiflungsvoller durch die Reihen der streitenden Bürger, und einer um den andern warf die Waffen hinweg, um noch einmal sein liebstes Gut zu schauen.

Der Sieg der grausamen Truppen Adolfs war entschieden. Trompeten, Trommeln und Pauken schallten höhnend zu den letzten Seufzern der Sterbenden, in die Jammerrufe der sie Überlebenden hinein, welche in verzweiflungsvoller Angst die Straßen durchirrten, die Vermissten zu suchen, sie zu retten, oder mit ihnen unterzugehen. Einige wilde Haufen zogen, ohne erst das Signal zur Plünderung abzuwarten, Schätze suchend, durch die brennenden Häuser, zu rauben, was die Flammen noch nicht zerstört, zu morden, was noch am Leben.

»Lasst mich hier bei Euch!«, flehte sie. »Lasst mich hier ein Leben enden, das mir längst zur Qual geworden und gebt mir Eure Verzeihung mit ins Grab!«

»O, denkt nicht an Vergangenes! Nur an Eure Rettung lasst uns denken!«, beschwor er sie – doch sie schüttelte ihr Haupt und sagte:

»Rettet Euch – mich lasst hier sterben – hier in Eurem Hause – an der Stätte Eures mühsamen Schaffens.«

Sie ließ sich neben der Presse nieder und lehnte sich müde daran.

»Bleibt Ihr, so bleibe auch ich«, sprach er ruhig und fest.

»So kommt, und lasst uns gehen«, erwiderte sie und wollte sich wieder erheben, doch sie war zu schwach dazu und er musste sie stützen. Wie sein Arm sie umfasste, sank ihr Haupt an seine Brust und sie schluchzte:

»Vergebt, o vergebt mir – ach, ich bereue ja schon so lange und so tief, was ich Schweres an Euch verschuldet.«

»Ich zürnte Euch nie, Margarethe – ich bedauerte Euch nur, dass Ihr auf so schlimmen Wegen gingt.«

»Und Ihr vergebt?«

»Wie Gott Euch vergeben möge. Glaubt mir kein Groll ist gegen Euch in meinem Herzen. – Doch kommt – eilt – hört Ihr nicht den wilden Lärmen – kommt, ehe es zu spät wird.«

Sie wollten sich entfernen, doch schon stürmte der rohe Haufen, der Margarethe verfolgte, herein. Die Kriegsknechte fassten sie hart an und schrien:

160

»Sage, oder du bist des Todes, wo bargst du die Schätze deines Hauses.«

»Lasst sie los!«, befahl Gutenberg und entriss dem Nächsten seine Waffe, doch schnell war er überwunden und ein Schwert auf seine Brust gezückt.

»Für sein Leben meines Hauses Gut!«, flehte Margarethe. »Alles, alles sollt Ihr haben, aber ihn rettet – ihn beschützt – bringt ihn an einen sicheren Ort, und ihr sollt reich werden!«

»Wo liegen deine Schätze vergraben, Weib! Erst sag uns dieses.«

»Nimmermehr!«, sprach Margarethe sich stolz emporrichtend, während die Totenblässe ihres Gesichtes einer leuchtenden Röte wich. »Nimmermehr erfahrt ihr, wo mein reiches Gut geborgen liegt, wenn ich ihn nicht ungefährdet weiß. Eher mögt ihr mich töten – seid gewiss, keine Qual entreißt mir das Geständnis, nach dem euch gelüstet.«

Sie sah so gebietend aus, und es klang so wahr, was sie sagte, dass sie den rohen Kriegsknechten imponierte. Sie berieten sich und beschlossen, dass einige Margarethe in ihr Haus hinüber geleiten sollten, die andern indessen Gutenberg bewachen, bis sie im Besitze der verheißenen Schätze wären, dann – sollte dieser seine Freiheit haben. Margarethe war jedoch nicht dadurch befriedigt, sie wollte sein Leben sicherer verbürgt wissen, und sagte nach kurzem Überlegen:

»Das Leben dieses Mannes ist eurem Herrn von großem Werte. Außer dem Lohne, der euch durch mich dafür wird, könnt ihr euch noch Dank bei Adolf von Nassau verdienen, sobald ihr ihn ungefährdet vor ihn bringt. Er ist kein Anhänger Diethers, ist aus einem alten Patrizierhause, das ihm nicht ergeben war, und betreibt eine Kunst, die eurem Herren wohl gefällt. O, rettet ihn, und auch diese Presse wahrt vor Zerstörung – es wird euch von großem

Vorteil sein! Bergt sie in einem Gewölbe, und ihn bringt von hier in sicheren Gewahrsam. Wenn der Erzbischof seinen Einzug in die eroberte Stadt hält, dann führt ihn vor ihn und sagt, es sei Johannes Gutenberg.«

»Wie, Margarethe, Ihr bestimmt diese Leute, mich als Gefangenen Adolf von Nassau zu übergeben?«, fiel Gutenberg ein.

»Nur so werdet Ihr sicher gerettet«, flüsterte sie ihm zu.

»Und Euer Leben, Margarethe?«

»Mag es dahingehen! Doch seid ruhig, sie werden es mir nicht rauben, da ich ihnen meine Reichtümer überlasse.«

»Was zauderst du?«, mahnte sie jetzt einen der Kriegsknechte, und sie schleppten sie hinweg. Noch einmal hing sich ihr Auge an Gutenberg – dann war sie verschwunden.

Einige blieben zurück und duldeten, dass Gutenberg seine Presse auseinander nahm und verwahrte. Als man ihn gefesselt von hinnen führte, stand des Goldschmieds Haus in Flammen. Entsetzt sah er daran empor, nach Margarethe spähend, da brüllte ihm einer seiner Gefährten lachend zu:

»Hat das stolze Weib nicht ein prächtiges Grab im eignen Hause gefunden?«

»Ihr habt sie gemordet!«, rief er schaudernd aus. »O, Fluch über euch Unmenschen! Gab sie euch denn nicht all ihre Schätze!«

»Für Euch, nicht für sie, – zudem wäre es Euch auch nicht besser ergangen, wenn's nicht am unseres Herrn Willen geschähe – doch wehe Euch, wenn sie uns betrogen hat.«

Gutenberg verhüllte sein Angesicht, um nicht weiter die Gräuel zu schauen, die rings um ihn her vorgingen. Es war ihm eine Erleichterung, als man ihn in ein dunkles Gewölbe stieß, wo er nichts mehr sah, und auch nichts hörte, als die feuchten Tropfen, welche an den Wänden herabträufelten und sich mit den Tränen mischten, die er weinte über das Unglück seiner Vaterstadt und Margarethens Tod.

Die freie Rheinstadt war nun völlig besiegt, alle ihre Tore, ihre Mauern und Türme in des Feindes Hand und besetzt von Adolfs getreuesten Truppen, den Schweizern und Rheingauern.

Der schrecklichste Tag, den Mainz je gesehen, zog trübe herauf. Zwischen Schutt und Trümmer rangen Menschen verzweifelnd die Hände, erklangen Jammerrufe, sah man alle Ausbrüche eines wahnsinnigen Schmerzes. Die blühende Stadt war gänzlich verwüstet, ihre Einwohner jedes Trostes bar. – Diese schöne Perle des Rheins, versunken in Graus und Schutt, ihr Glanz, ihre Macht, ihre Freiheit, dahin ihr Wohlstand, ihre Ehre und jedes Familienglück vernichtet. Was blieb nach diesem Tage des Schreckens noch der güldenen Stadt? –Nur ein Gut, doch ein heiliges, ein großes Gut: die in ihr erblühte Kunst, welche in ferner Zeit ihr wieder Glück, Ehre und Ruhm verhieß – doch sie erkannte seinen Wert noch nicht – und jede Hoffnung sank. Auch der festeste Mut war gebrochen und niedergebeugt von solcher Wucht, harrten die Unglücklichen des Herrschers, der im Triumphe in die zerstörte Stadt einzog.

Er hielt kurzen Rat, wie mit den Überwundenen zu verfahren sei und rief sie alle auf einen freien Platz zusammen. Dort wurde eine Liste der Begnadigten verlesen und sie ausgeschieden von den Unglücklichen, denen keine Gnade wurde, doch das Bewusstsein blieb, nicht zu den Verrätern ihrer Vaterstadt gezählt zu werden.

Sie, die vor Adolf keine Gnade fanden, trieb man wie eine Herde zusammen und umstellte sie mit bewaffneten Scharen. Der Tod schien ihnen bestimmt, und gebrochen von den herbsten Qualen erwarteten sie ergeben ihre Erlösung. Doch ein schwereres Geschick sollte ihnen werden.

Gejagt von den Kriegsknechten, gestoßen, geschlagen, geschimpft und verspottet mussten sie ihre Vaterstadt verlassen als Verbannte, über denen das Schwert drohend hing. Nicht ein Abschiedsblick, nicht ein tröstendes Wort wurde ihnen vergönnt und brot- und heimatlos irrten sie umher ohne Kunde von den Ihren, ohne Hoffnung sie wiederzusehen. – In sinnloser Betäubung vernahmen die Zurückgebliebenen das Schicksal ihrer Männer, Väter und Brüder. Fast wahnsinnig in unbändigem Schmerze sah man viele durch die Straßen rennen, den Tag ihrer Geburt verfluchend; – Andere knieten an den Altären und flehten von Gott Rache auf ihre Peiniger herab, bis, verzehrt von Schmerz und Jammer, ihr Leben endete, oder man sie mit Fußtritten von den heiligen Orten hinwegstieß.

Die Plünderung nahm jetzt ihren Anfang und kein heilig Gut blieb verschont. Wie die Familienschätze mussten auch alle Kleinodien der Stadt, durch Jahrhunderte gesammelt, alles geflüchtete Eigentum naheliegender Ortschaften, alle Waisengelder und alle Reichtümer der Kirchen und Klöster der Habgier zum Opfer fallen. Alles wurde zusammengehäuft und dann verteilt. –

Die Freibriefe der Stadt, ihre Privilegien von undenklichen Zeiten her, alle Rechte, selbst alles, was von Kaiser und Papst verbrieft worden, wurde auf öffentlichem Markte verbrannt.

Adolf erhielt als unumschränkter Herrscher die Stadt und ihre Ländereien. Er verschenkte die Häuser der Patrizier und der reichsten Bürger an seine Ritter und Reisigen; doch musste er bald erfahren, dass ohne den Gewerbestand eine Stadt eine Wüste sei, und eilends ließ er die notwendigsten Handwerker zurückrufen. Aber sie konnten nur den dringendsten Bedürfnissen abhelfen. Es war ein trauriges und trostloses Leben in der verwüsteten Stadt, die selbst dem siegtrunkenen Feinde, nachdem er die erbeuteten Schätze geteilt, nichts Erfreuliches mehr bot.

Auch Adolf fühlte sich unbehaglich an einem Orte, – dessen grauenhafte Zerstörung sein Werk war, und er beschloss, sobald nur einigermaßen Ordnung hergestellt, sich wieder nach Eltville zu begeben. Einige Tage nach der Plünderung, als er eben in seine Wohnung zurückkehren wollte, drängten sich einige Soldaten an ihn, Gutenberg in ihrer Mitte führend, der bleich und verstört mit trüben Blicken drein sah.

»Was begehrt ihr? Und wen bringt ihr da?«, fragte Adolf ziemlich freundlich die Kriegsknechte.

»Einen Mann, den wir gefangen genommen, und der, wie uns berichtet worden, dir von Werte sein soll«, erwiderten sie.

»Wer seid Ihr?«, wandte sich Adolf an Gutenberg

»Mein Name ist Johannes Gensfleisch zum Gutenberg«, gab er zur Antwort.

Adolf besann sich und fragte dann:

»War Eure Familie nicht in Eltville begütert – und seid Ihr vielleicht jener Gutenberg, der die Buchdruckerkunst erfunden hat?«

»Der bin ich, hoher Herr.«

»Fust ist Euer Feind? Nicht so? Er, der das Manifest Diethers von Isenburg druckte?«

»Er verfolgte mich einst. Seitdem kam ich in keine Berührung mehr mit ihm.«

»Ich werde Euch schützen. Begebt Euch nach Eltville. Ich nehme Euch hiemit unter meine Hofleute auf.«

Gutenberg neigte sein Haupt, doch ohne etwas zu erwidern.

»Sind Eure Druckgerätschaften verbrannt?«, fragte Adolf lebhaft.

»Nein – ich habe sie geborgen – auch mein Haus steht, wie ich glaube, noch unversehrt da.«

»So begebt Euch sogleich mit diesen Soldaten dahin. Sie sollen Euch schützen und Euch helfen, Eure Sachen nach Eltville zu bringen. Dort sehe ich Euch wieder.«

Damit ritt er davon, und Gutenberg tat halb gezwungen, was Adolf befohlen. Doch war es ihm lieb, aus der Stadt zu kommen; und dass seine Druckgerätschaften gerettet worden, war ihm ein großer Trost.

Er fand in Eltville bei seinem Vetter Bechtermünz, der in dem alten Familiensitze Gutenbergs wohnte, und diesen in ziemlich gutem Zustande erhalten hatte, eine freundliche Aufnahme. Hier stellte er nun seine Druckgerätschaften auf und nahm sich vor, sein Leben hier zu beschließen und hier bis an das Ende desselben zu drucken. Doch es wollte mit der Druckerei nicht mehr recht vorangehen. Seine Körperkräfte waren erschöpft: der letzte gewaltige Sturm, der sein liebreiches Gemüt gar schmerzlich getroffen hatte, rief plötzlich die Nachwehen seines langen mühsamen und sorgenvollen Lebens hervor, und der sonst so kräftige Mann fühlte sich mit einemmale hinfällig, oft bis zum Tode müde an Körper und Geist.

## 9

Gutenberg bemühte sich zwar mit seiner teuren Arbeit den trüben Eindruck der schrecklichen Ereignisse in Mainz zu überwinden, allein es gelang ihm nur zeitweise; die erschütternden Szenen jenes furchtbaren Schreckenstages blieben in seinem Gemüte haften, und die traurigen Folgen, die Adolfs Sieg für seine Vaterstadt hatte, erfüllten seine Seele mit zu tiefem Kummer, als dass selbst dasjenige, was er sein ganzes Leben lang angestrebt hatte und als seine höhere Bestimmung betrachtete, ihm den ungebrochenen früheren Mut wieder hätte zurückgeben können.

Bald empfand er, dass für die Druckerei, die er in Eltville errichtete, seine alleinige Kraft nicht mehr ausreiche, und er die Sache, sollte sie auch als ein unmittelbares Erbteil von ihm fortleben, noch bei Lebzeiten anderen Händen übergeben müsse. Von seinen ehemaligen Gehilfen kehrte keiner wieder, was ihn jedoch im Stillen erfreute, da es ihm als Beweis galt, dass es ihnen möglich wurde in ihrer Heimat die Ausübung seiner Erfindung anzubahnen.

Er machte seinem Vetter Bechtermünz, der einen hellen Kopf und redlichen Charakter besaß, den Vorschlag, bei ihm die Buchdruckerkunst zu erlernen, und wie einst der Erbe seines Hauses, so auch der Erbe seines Geschäftes zu werden. Bechtermünz ging bereitwillig auf seinen Vorschlag ein und widmete sich von da an ausschließend und auch mit viel Interesse und Geschick der Druckkunst.

Die Gunst, welche Adolf von Nassau dem Erfinder zu Teil werden ließ, war eine sehr beschränkte und eine sehr kleine und sehr bedingte Wohltat für den alten und müde gewordenen Gutenberg, der sein ganzes Leben, seine ganze Kraft an diese eine große Sache hingegeben hatte. Doch bescheiden, anspruchslos und gottergeben klagte er nie. Was ihm von Adolf wurde: eine kleine Zugabe zu seinen Lebensbedürfnissen, nahm er wie etwas hin, das er nicht wohl zurückweisen konnte. Adolf kümmerte sich wenig um Gutenberg und seine Erfindung. Er hatte kein Verständnis ihrer Wichtigkeit und schützte eigentlich Gutenberg nur, weil fein Widersacher Fust Diether angehangen und dessen Manifest gegen ihn gedruckt hatte.

Doch der große Mann, so einsam, so bescheiden, ja fast gänzlich von der Welt vergessen auch seine letzten Lebensjahre hingingen, fand dennoch in dem erreichten Ziele seines Strebens eine hohe innere Befriedigung, und mit dankerfüllter Freude gewahrte er noch das Gedeihen seiner Erfindung auch anderwärts. Ihre ungeheure Zukunftsbedeutung wurde ihm am Ende seiner Tage immer klarer; je mehr seine Körperkräfte abnahmen, desto weiter öffnete sich sein geistiges Auge und gleichsam als ein höherer Lohn für sein mühevolles Leben entwickelte sich ihm, je näher er dem Grabe kam, das Bild einer fernen Zeit, in der die Menschheit dankend zu ihm aufschaute.

Er übergab nach einigen Jahren seine Druckerei ganz seinem Vetter Bechtermünz, der als ein würdiger Nachfolger in seine Fußstapfen trat und nach Gutenbergs Tod eine vorteilhafte Übereinkunft mit Hummerey abschloss, von dem er die Druckgerätschaften als Eigentum erwarb.

Auch Fust und Schöffer erhoben sich nach einigen Jahren wieder aus dem Unglücke, das sie betroffen und zeigten viel Beharrlichkeit und einen lobenswerten Fleiß. Doch Fusts nicht zu sättigende Habgier sollte ihm den Tod bringen – eine gerechte, wenn auch zu kleine Strafe für sein Verbrechen an Gutenberg. Er unternahm, wohl wahrscheinlich um das Verlorengegangene möglichst schnell wieder zu ersetzen, und zwar in reichem Maße, eine Spekulationsreise nach Paris, gab dort erst die gedruckten Bücher für geschriebene aus und verkaufte sie zu enormen Preisen. Mitten in seinem Geschäftseifer ereilte ihn jedoch der Tod. Die Pest war in Paris ausgebrochen, allein Fust, nur an Erwerb denkend, entfloh dem giftigen Gaste nicht und wurde sein Opfer. So musste er in der Fremde sterben, einsam, ohne liebende Pflege und Teilnahme; – und auch in der Heimat flossen nur wenige Tränen um ihn.

Sein Tod machte Schöffer zum alleinigen Herrn des Geschäftes, und Christine, welche den Geiz ihrer Mutter geerbt hatte, verschmerzte leicht über das reiche Erbe den Verlust des Vaters. Christine besaß jedoch neben dem Vergnügen an Reichtum auch Ehrgeiz und dieser hieß sie in den Augen der Welt das Andenken an ihren Vater bewahren. Er und ihr Mann sollten für die alleinigen Erfinder der großen Kunst gelten, Gutenberg gänzlich vergessen werden. In diesen Ansichten erzog sie auch ihre Kinder, und ihr ältester Sohn Johann, welcher später Herr der Druckerei wurde, tat alles Mögliche, seinem Ahn und Vater die Ehre der Erfindung allein zu sichern.

So wurde der Ruhm des großen Mannes in Schlummer gewiegt, und lange Jahre ruhte er fast gänzlich vergessen neben seiner Mutter in der Franziskanerkirche, allein Forschung und Wahrheit haben seine Rechtfertigung übernommen und die Dankbarkeit aller zivilisierten Völker ihm ein ehernes Denkmal gesetzt; doch bedurfte es des letzteren kaum, sein Andenken lebte dennoch ewig fort mit seiner Erfindung, die so tief in alles Leben eingedrungen ist.

Das grässliche Geschick seiner Vaterstadt überlebte Gutenberg etwa sechs Jahre. Er sah keine Freude mehr dort einkehren, das Unglück war zu groß dafür. Adolf erkannte zu spät, dass eine so grausam zu Grunde gerichtete Stadt ihrem Beherrscher nicht zur Freude dienen könne. Er versuchte, einiges wieder gut zu machen, allein das allgemeine Elend war zu groß, hatte zu tief in alle Verhältnisse eingegriffen, als dass Mainz sich bald wieder hätte erholen können. Dabei dauerte noch eine geraume Weile Adolfs Kampf mit Diether fort, bis sich beide von ihren Verbündeten verlassen und betrogen sahen. Jetzt erst reichten sie sich, auf dass die Fehde nicht am Ende ihnen selbst alles raube, zur Versöhnung die Hand, und Adolf blieb von da an bis zu seinem Tode, unangefochten von Diether im Besitze des erzbischöflichen Stuhles und unumschränkter Beherrscher der einst so stolzen Freistadt. Nach seinem Tode folgte, ihm Diether, der abermals gewählt wurde, in seiner Würde ungehindert nach und tat manches zum Gedeihen der Stadt, so dass sie unter seiner Regierung sich wieder etwas hob. Doch ihre Freiheiten, ihre Privilegien und Rechte gab er ihr nicht mehr zurück; die von Adolf vernichteten Dokumente waren für immer begraben. Mainz blieb unter der Herrschaft des Krummstabes, erholte sich nach und nach wieder zu schönem Flore und sah in späteren Zeiten auch wieder recht glückliche Tage.

Erst die Französische Revolution, die so vieles über den Haufen warf, machte dem Mainzer Erzbistume ein Ende und gab der alten Stadt ein anderes Kleid, das mit den Zeitverhältnissen wechselte und sich jetzt recht freundlich über sie ausbreitet. Zwar wurde Mainz keine Freistadt mehr, wie sie in ihrer güldenen Zeit gewesen, doch ist sie noch immer eine der schönsten Perlen an den Ufern des Rheins, und ist, was uns am meisten erfreut, eine deutsche Stadt. Ihr hoher Dom ist nicht wie Straßburgs Münster fremdes Eigentum geworden; deutsche Herzen beten darin um Deutschlands Einigkeit und Glück; – um den Frieden den Christus lehrte, und dem sich auch der anschließt, der in

Gutenbergs großer Erfindung seine Berechtigung wie auch seine beste Stütze gefunden hat.

Gutenberg starb im Anfange des Jahres 1468 in einer kleinen Stube seines mütterlichen Stammhauses. Er wählte sich diesen Aufenthalt für seine letzten Tage, starb hier einsam, doch friedlich und ruhig, von dem Geiste der vorangegangenen Mutter umschwebt. Er wurde in prunklosem Zuge, nur von den nächsten Anverwandten geleitet, nach der Kirche zum heiligen Franziskus gebracht, um dort in der Grabstätte seiner Familie beigesetzt zu werden.

Dass wir dies mit Bestimmtheit wissen, danken wir einem Gedenksteine, den ihm in späterer Zeit ein Verwandter setzen ließ, und der durch Zufall erhalten blieb. Die darauf eingegrabenen Worte lauten:

»Dem um alle Nationen und Sprachen so hochverdienten Erfinder der Buchdruckerkunst, Johannes Gensfleisch hat Adam Gelthuß dieses Denkmal zum ewigen Andenken gesetzt. Seine Gebeine ruhen in der Kirche des heiligen Franziskus.«

Diese Kirche ist längst nicht mehr vorhanden; sie kam später an das Jesuitenkloster und als sie im Jahre 1793 bei der Belagerung von Mainz zerstört wurde, suchte man vergebens nach einem Denkmal Gutenbergs in der Grabstätte seiner Familie. Nur der einfache Gedenkstein, den ihm Adam Gelthuß setzen ließ, bekundet der Nachwelt den Ort, wo der große Mann begraben liegt.

Von den wenigen, die seinen Sarg begleiteten, verstand wohl keiner die erhabene Größe des bescheidenen Erfinders, ebenso wenig die Größe seiner Erfindung. Sie folgten pflichtschuldig dem Sarge des Verwandten, und der eine oder andere weinte ihm auch wohl aus demselben Grunde eine Träne nach. Allein dennoch sollte der Schmerz der Liebe und die Träne des Herzens seinem Grabe nicht fehlen, – noch ehe der Sarg sich fest ver-

schlossen, drängte sich ein junger Mann mit einer schönen Frau herzu, und beide, das kleine dunkle Gehäuse
umklammernd, hielten sie es noch eine kurze Weile über
der geheimnisvollen Tiefe, in die es eben hinabgesenkt
werden sollte. Der Deckel des Sarges hob sich noch einmal empor und über Gutenbergs Angesicht lagerte jenes
himmlische Lächeln, das so häufig den schaurigen Ausdruck des Todes mildert und uns mit der Ahnung eines
besseren Jenseits durchdringt. Albert und Gertrud küss-
ten schluchzend die bleichen Lippen des Toten und seine
starren Hände, die zusammengefaltet auf dem Herzen
lagen, das so mild, so fromm und groß geschlagen und so
wenig Glück hienieden gefunden hatte.

Nach einem kurzen, andächtigen Gebete erhob sich
Gertrud und drückte einen Lorbeerkranz, den sie mitgebracht, auf des Toten Haupt, indem sie sprach:

»Angela sendet dir den Kranz des Ruhmes. Sie und
Kuno denken deiner in Liebe, wie auch ihre Kinder. Antonio findest du dort Oben. – Ach, ich sollte dir ihre Grüße
bringen und ihre Bitten, dein Leben bei ihnen zu beschließen, – nun bist du tot – tot – und nur der treuen Freundin
Liebeszeichen kann ich dir noch an die kalte Stirne drücken. O, mein lieber, lieber Vetter, siehe Gertruds Tränen,
Gertruds Schmerz – in dir beweint sie ihren zweiten Vater,
ihren liebsten Freund, in dir beweint sie den besten aller
Menschen und den Größten unter ihnen.«

Sie brach zusammen – Albert fing sie auf, umfasste sie
und mahnte sie tief bewegt:

»Du hast vergessen, ihm zu sagen, dass auch Albert um
ihn trauert wie um seinen besten Freund, und hast vergessen, ihm zu verkünden, dass er überall, wo er hingekom-
men, seiner Erfindung einen Weg angebahnt hat, und sie
auch in Venedig bald erstehen wird durch deutsche Meister, die ihm dahin nachgefolgt sind, und dass Kuno an der

Spitze der Gelehrten dort ihre Größe erkannte, und bereit ist sie mit seinen Reichtümern zu unterstützen.«

Nach einer stillen Pause, in der sich Albert und Gertrud umfasst hielten und weinten, verschloss sich der Sarg wieder. Er verschwand in der dunklen Tiefe, und wurde für immer bedeckt. – Da erhob Albert seine Hand über der leeren Stätte und sprach feierlich:

»Die Früchte deiner Erkenntnis, deines Fleißes und Wissens werden wachsen und gedeihen als das herrlichste Denkmal über deinem Grabe, denn sie sind der Führer der neuanbrechenden Zeit, – sind die ewige Lampe, deren Helle eine göttliche, nimmer zu erlöschende ist.«